创业简史

塑造世界的开拓者

[美] 乔·卡伦◎著
(Joe Carlen)

王瑶◎译
徐中◎审校

A BRIEF HISTORY OF ENTREPRENEURSHIP

The Pioneers, Profiteers, and Racketeers
Who Shaped Our World

中国人民大学出版社
·北 京·

A Brief History of Entrepreneurship

前　言

1985 年，已故管理大师彼得·德鲁克将创业定义为“使资源能够创造新价值的行为”，这是其最具体、最有意义的定义之一。从字面上看，“创业”（entrepreneurship）和“企业”（entreprise）都由古法语“承担”（entrependre）衍生而来。但在法语中，直到 1800 年，经济学家让-巴蒂斯特·萨伊开创了相关用法后，“创业者”（entrepreneur）一词才被赋予现在的含义。

直到 19 世纪中期，法语词 entrepreneur 才在法国以外的地区被普遍使用。此前，英语中有时会使用“承担者”（undertaker，对法语词的直译）一词来代替，但人们更常使用更有鼓动性的词语“冒险者”（adventurer）。承袭了这一思路，美国经济学家威廉·鲍莫尔曾将创业者定义为“为经济目标而甘愿冒险的个体”。而本书的焦点，正是这些个体和他们的探险历程为世界历史轨迹带来的意想不到的影响。

研究这一主题时，古美索不达米亚[①]商人创立城市市场经济，中国茶商发明“飞钱”（如纸币），创业者在16世纪到19世纪欧洲殖民浪潮中扮演的重要角色，以及当下世界经济竞争的“扁平化”趋势（这一趋势从喀麦隆蔓延到柬埔寨，是现代创业者追求更廉价劳动力和更广阔市场的产物），这些例子尤其吸引我的注意。

从古至今，创业者借助各种手段不断探索和开发新市场，对社会产生了巨大影响，这些活动包括陆上/海上贸易、积极创新产品与流程、兴建社会工程、侵占各地领土，以及近期的星际旅行（面向超级富豪的太空旅游）。因此，虽然本书并非声援或抨击创业精神的道德辩论，但本书主张，创业是推动那些改变人类历史轨迹之重要变革的“主要力量”。

这些变革的影响通常不局限于商界。腓尼基商人在地中海地区的殖民活动，紧随其后出现的古希腊城邦与古罗马帝国，都有深刻的地缘政治意义；而推动工业革命的英国发明家及创业者的影响，则更集中于社会层面；古美索不达米亚商人发明的股份制公司在中世纪时期由伊斯兰文明发扬光大，以及美国黑人音乐商业化，这些变革的影响已延伸到生活的各个层面。

---

① 美索不达米亚是古希腊对两河流域的称谓，意为（两条）河流之间的地方。——译者注

创业通常源自叛逆与正统社会层面的互动与斗争。能认识到这一点很有用。古罗马帝国鼎盛时期的奴隶以及新解放的人群所从事的创业活动对古罗马的深刻影响就印证了上述论点。更近期的例子是21世纪初的众多亚裔、拉丁裔和非裔创业者正在不断弱化甚至消除“发展中”与“发达”世界之间曾鲜明的界线。实际上，创业通常具有颠覆性甚至爆炸性影响。

另外，随着创业者推动重大社会、经济、技术与其他变革，创业本身的性质也在不断变化。因此，本书还讨论了从古至今创业者角色的不断演变。例如，如第1章所述，在史前与古美索不达米亚文明时期，几乎所有寻求“新市场”的都是商人，此时创业活动的特征是交易；而到腓尼基人时代后，如后续章节所述，创业活动开始扩展到最终产品的生产，甚至是商业殖民化这种形式。

而在后续章节所描述的时期，创业者还兼具“目的性创新”的实践者、传播者和传道者的身份。读者还会了解到，随着时间的推移，现代创业者综合了曾经独立的多层面、多门类角色。因此，在了解创业的历史及其对世界的影响时，读者还会对创业的重要内涵有更深刻的认识。当前是审视创业现象的最好时机，在21世纪全球经济交互作用这样的背景下，创业的前景、风险和影响都被前所未有地放大。

A Brief History of Entrepreneurship

目　录

A BRIEF HISTORY OF ENTREPRENEURSHIP

第1章

美索不达米亚文明

2014年，《企业家》杂志刊载了读者致编辑的一封信，题为《以史为鉴》，节选如下："您在社论中写道，'直到最近20年，创业才成为……积极而无畏的青年热衷的宏伟历程'。我读到这里时很惊讶。我希望您说的是最近200年。铁路推动了美国西部大开发，成千上万名创业者通过开办商铺、餐馆以及提供服务致富。"这封信的中心思想没错，但创业的渊源比信中所写的还要更远。实际上，创业者的"宏伟历程"并非始于20年或200年前，至少要追溯到2 000年前。

原始的物物交易

有证据表明，远在2万到3万年前的史前文明时期，就存在不同形式的物物交易甚至是小规模的珍稀物品交易。在旧石器时代晚期和石器时代晚期这些历史时期，人类寿命短暂，以食肉为主，并通过部落这种主要社会单位围绕狩猎这一中心目的来组织活动。这意味着他们要长途跋涉，因为为了捕食他们要随动物进行季节性迁徙。随着地球走出冰河时期，一些地区开始遍布鹿、猛犸象、北美野牛和其他猎物。而这些大型哺乳动物正是人类的主要食物。

显然，此时距离农业诞生还有几千年，更不用说城市商业了。但尽管有很多局限，创业的冲动还是在一些最具有创业精神的部落中得到了体现。对南亚和西南亚（主要集中于今天的印度、巴基斯坦、孟加拉和斯里兰卡）史前文明的研究佐证了这一点。这些研究发现，在旧石器时代晚期，“在远离海洋和鸵鸟栖息地的达布蒂峡谷中出现了海贝壳和鸵鸟蛋壳，说明一些地区有交换来自遥远地区的珍稀物品的传统”。

但这种交换并不局限于珍稀物品。从现代用法看，人类学概念中的“石器时代”通常代表野蛮和落后。虽然有大量证据支持这一论点，但同样的考古证据表明，这是一个技术不断发展而不是停滞不前的时代。实际上，在石器时代，尤其是旧石器时代晚期，人类凭借聪明才智将石头、木头和其他自然材料制造成狩猎和与敌对部落战争所需的器具，为此发明了刀、凿子和原始捕鱼工具并持续对其进行改良。

在 21 世纪的全球商界，企业存亡可能依赖于相比竞争对手微小的技术优势。在旧石器时代后期，部落存亡可能取决于重要工具和武器的技术优势。因此，一些交好的部落之间会交换工具、猎犬、珍稀物品和部落男性看重的另一重要物品——女人。有证据表明，男性之间有时会彼此交换伴侣，从现代文明的观点来看，当时女性命运很可悲。

几千年以来，评判创业成败的标准是金钱。但针对旧石器时代晚期的考古研究显示，原始的创业活动，实际上早于货币甚至是无印金银等货币雏形的出现。毕竟，拥有工具、武器、装饰品和最抢手女性的部落，要比在某一热门领域或多个领域表现欠佳的部落在“创业”上更成功。

新月沃土

新月沃土起始于今天的伊朗西南部，一直绵延至埃及尼罗河谷。这片辽阔的土地见证了两大重要发展：为人类停止迁徙转向定居生活创造条件的农业革命，以及随之而来的城市商业。这片地区呈弧形（向西北扩展至今天伊拉克、叙利亚东部、土耳其南部大部分地区，向西南扩展至叙利亚西部、黎巴嫩、以色列，最后到达尼罗河谷)，状似“新月”。但名称中的后两个字“沃土”更能体现其重要特征。

这一地区资源丰富，有充沛的淡水、辽阔的草地和森林，以及底格里斯河与幼发拉底河春汛后留下的肥沃淤泥土壤。凭借这些得天独厚的条件，新月沃土成为人类首次持续培养主要食物来源（包括植物与动物）的地方。这种行为可能起源于今天的库尔德斯坦和伊拉克北部，随着时间的推移传播到新月沃土其他地区。人类开始驯养山羊和绵羊，在肥沃的草原上放牧。同时，部落中的女性不再被迫追随男性长途跋涉地追赶迁徙的猎物，而是开始种植作物。

首选的种植对象是有营养的野生谷物，它们在底格里斯河和幼发拉底河沿岸的美索不达米亚地区的沃土上生长繁茂。很快，该地区的女性就开始种植营养丰富的大麦、小麦、兵豆及其他豆类。至此，农作物作为营养来源可以被以更可预见的方式成功种植。随着时间的推移，尤其在古美索不达米亚南部地区，农业收成在引入灌溉和防洪等相关技术后大幅提升。

同时，人类开始采收其他就近可得的食物来源：家畜和副产品，以及鱼类。就这样，以农业化永久定居为特点的新生活方式开始取代前几辈人游牧狩猎的生活方式。这种更安稳的生活方式很快会展露出深刻的影响。生活趋于安定的人类不再为了生存而被迫终日狩猎，而是开始培养专业技能，这为更成熟的社会，包括更大型、更多元化的经济奠定了基础。

考古物证显示，早在公元前第五个千年，美索不达米亚地区的人类已经开始从遥远的高加索山脉地区和现今的阿富汗地区引进物品（想必也同时向这些地区输出物品）。但直到公元前第四个千年后期，以苏美尔为首的美索不达米亚地区才出现先进文明。之后的 2 000 多年，美索不达米亚文明在中东一直占据经济与军事上的主导地位，只有雄踞在该地区另一侧的古埃及文明才能与之比肩。在全盛时期，古埃及这个军事与经济强国拥有无可比拟的工程技术，是该地区的两大文明之一。

创业活动萌芽于美索不达米亚，究其原因，很大程度上是因为苏美尔人，而不是埃及人，率先建立了城邦。古埃及的经济活动虽然也有一定规模，但由政府控制而不是监管，从现代视角来看极具极权主义色彩。法老政权不仅控制了生产方式，连分配和消费也被官僚体制严加控制，极力限制个人经济活动，更不可能有任何激励措施。而美索不达米亚的自治城邦却鼓励并慷慨地奖励这种经济行为。

美索不达米亚：苏美尔、阿卡德、巴比伦和亚述王国

在本章所述的时间跨度内，美索不达米亚先后出现了苏美尔、阿卡德、巴比伦和亚述文明的统领。这四大文明偶有重合，都曾雄

踞新月沃土，后两个文明统治的地区更广。美索不达米亚早期历史以从史前文明走出来的苏美尔人为中心，他们拥有独特的语言和高度成熟的文明。这个民族定居在美索不达米亚南部，建立了苏美尔人国家。他们统治这一地区长达数百年之久，直到西部的阿卡德人（闪米特人的一支）崛起。

阿卡德在萨尔贡的统治下进入全盛时期，开始与苏美尔争夺美索不达米亚的霸权。结合了苏美尔和阿卡德影响的杂汇美索不达米亚文明应运而生。到公元前第三个千年末期，苏美尔人重夺霸权，拉开了新苏美尔时期的序幕。很快，在公元前第二个千年早期，苏美尔文明开始受到来自美索不达米亚南部的新兴巴比伦文明的影响。巴比伦人是阿卡德人的后裔，他们建立了该地区最强大的文明之一，这一文明保留了很多苏美尔文明的元素。

同时，北部的阿舒尔城邦逐步扩张，建立了亚述王国。在公元前第一个千年的前半叶，新巴比伦王国和亚述王国都达到了各自军事与经济实力的巅峰。两大文明在美索不达米亚地区的各自领地建立了具有一定自治权的城邦。虽然它们处理事务的方式通常更接近联邦制，而不是统一的国家，但这些城邦之间确实存在着语言、文化、宗教和商业联系，在某些时期甚至还推行过同样的法律与兵役系统，这些联系将各大城邦的居民联结在一起。

但那时最重要的智慧突破是第一套文字体系（尽管有人对此持

异议)。有证据表明，早在史前时期美索不达米亚和波斯地区就出现了蚀刻的图形符号，虽然只涉及土地和水等有限的符号。另外，人们认为是建立更晚期文明的腓尼基人发明了“语音”字母表。这套字母表由字母组成，将字母组合在一起可以表示所有读音。

将美索不达米亚文明由不同民族引领的漫长时期串联起来的共同脉络，还包括发明创造。美索不达米亚文明率先建立了复杂的测量和称重系统，部分原因是为了应对不断壮大的商业活动。这一六十进制的系统被部分保留下来，比如，将一小时 60 等分，物品以一打为单位买卖。

但早在公元前 3300 年腓尼基人还没有出现时，美索不达米亚地区的文明就已经建立了一套音节符号。这一创新飞跃虽然不及字母符号有效，但已经突破了简单的图形的限制，被称为楔形文字。它是第一套文字体系的基础，推动了古文明在商业和财务领域的伟大进步。

人们在运用这一新交流工具的过程中还巧妙地将当地丰富的黏土制成写字板，将沼泽中的芦苇制成手写笔。洋溢着想象力的美索不达米亚文明，还将写作提升到了文学艺术的高度。其经典艺术作品包括引人入胜的传说，从他们的万神殿到美索不达米亚的创世故事，再到对大洪水最早也许也是最生动的书面记载，都在很大程度上揭示了他们的宇宙观。

美索不达米亚文明对大洪水的记载与《创世记》中诺亚方舟的故事惊人相似，但早了几百年。实际上，《吉尔伽美什史诗》是对美索不达米亚文明超凡叙事能力及这一文明形而上学理念的最佳佐证：

> 安努给了他无所不知的智慧。
>
> 他能够从隐藏的秘密中发现真相，
>
> 他能够在大洪水来临前得到消息。

提到生命的“奥秘”，西方占星正是源起于古代文明。实际上，在美索不达米亚文明消逝几百年后，古罗马人仍将占星学称为“巴比伦密码”。美索不达米亚对另一不那么深奥的学科——天文学——的贡献也很大。一周七天，七天分别用五个行星再加上太阳和月亮来命名，这种做法是美索不达米亚文明的发明，之后被欧洲地中海地区采用，在公元后第一个千年传遍整个欧洲大陆。

美索不达米亚也见证了雕塑、石工和木工、建筑、牌匾雕刻、宝石切割、皮革加工、纺织、服装设计、编篮、玻璃加工和其他工艺的巨大进步。有些行业之前就已存在，美索不达米亚文明只不过进行了改良。而像酿酒（美索不达米亚人又一项流传下来的发明）等行业则完全是崭新的创造。擅长发明的美索不达米亚人凭借他们的巧手，让武器制造和其他形式的金属加工技艺变得更加成熟。

美索不达米亚冶金业者于公元前 2900 年左右发现了青铜这种铜和锡的合金，而这一时期也被称为“青铜时代”。再往前大约 500 年，苏美尔陶工凭借转轮革新了陶艺，也衍生出很多其他发明，不只局限在陶艺领域。轮子用于运输目的的最早证据可以追溯到公元前 3200 年的美索不达米亚时期，这一应用代表了这一创造力非凡的文明的又一不朽遗产。

虽然像文字和转轮这样对现代文明有根本性意义的发明并不多，但城市作为社会、技术和商业发展的主要场景，绝对算其中之一。美索不达米亚文明也是城市生活的创造者。在这些如今湮灭在伊拉克北部沙丘中的古代城市中，创业者开始对历史轨迹产生主导性甚至是决定性的影响。

繁华都市

在新月沃土的东侧，也就是今天的伊拉克东南部地区，仍能找到“文明摇篮”的遗迹，包括古代居所（皇宫和一般民居）、墓地、寺庙和辉煌的古美索不达米亚城邦的其他建筑。虽然一些群落直到公元前第四个千年才发展为我们所说的城市，但上溯到公元前第六个千年的后几百年，早在乌鲁克、乌尔和其他伟大城市诞生之前，其周边地区就已经出现了城镇规模的聚集地。

苏美尔时期的出生率相当高，因此必须不断提升农业产量才能支撑起日益增长的人口。其中最重要的农耕技术包括灌溉和排水。因为需要庞大而有序的劳动力来有效应用这些技术，这个讲求创新的社会建立了更强大的地区政府、以寺庙为中心的集体宗教和划分清晰的社会阶级。这些体制能保证有组织的大规模粮食生产获得充足的人力和有力的监管，进而保证不断增长的人口有足够的粮食供应。在将全社会组织起来以提升农业生产效率的过程中，城市文明应运而生。这种从农村农业到城市商业的转变发生于苏美尔历史中的乌鲁克时期（约始于 5 500 年前）。

最重要的是，在这一时期，一批小型定居地稳步发展为乌鲁克、尼普尔、基什、拉格什、拉尔萨、阿达卜、伊辛、埃利都以及最著名的苏美尔城市乌尔。正如已故美索不达米亚学者利奥·奥本海姆所述："美索不达米亚南部是城市化的发源地……在整个古代近东地区自发的城市化只发生在那里。"苏美尔城市生活的诸多要素和之前的人类定居模式形成了鲜明对比。其中一些看得见，如市政规划以及金字形神塔（"为了建得更高"）和巴比伦空中花园这样的突破性建筑成就。

而其他要素，虽然其影响不那么明显，但同样重要。其中包括承载着前所未有的经济流动性和职业多样性的新型城市工作场所。当然，这些场所在作为城市前身的农业定居点几乎找不到。在农业社区中，几乎所有居民都参与某种形式的自给农业活动——

种植并收割作物，或饲养家畜。而随着新兴行业出现及原有行业发展为全职工作，像基什和乌尔这样的城市实现了程度惊人的专业化分工（见图 1－1）。

图 1－1　乌尔的金字形神塔

这些新职业包括金属加工、啤酒酿造、造船、皮革加工、纺织品生产、多种形式的科学研究、大型行政服务、石艺、制陶、屠宰、编制、烘焙、宝石加工、武器制造、具象派艺术、神职、建筑、法律和写作。多元化劳动力资源在人类历史上首次成为主流。美索不达米亚劳动者意识到，和自给农业的相对稳定不同，新城市工作场所的活力意味着财富与收入的上下限被打破了。

提及美索不达米亚社会，奥本海姆认为一些出土古籍揭示了“程度惊人的经济流动性：穷人希望成为富人，而富人害怕沦为穷人”。这些被穷人嫉妒有时也被政府官员忌惮的新富有阶层中，就包括美索不达米亚商人创业者。经济流动性和专业化分工成为古代苏美尔工作场所的两大特征和标签，自此成为城市商业的两大决定性特征。

商人创业者

如果没有美索不达米亚创业阶级的创造力和积极的扩张主义，新兴工匠和手工艺者的产品就无法找到足够的原料和买家。这些具有创业精神的商人被近东地区知名学者塞缪尔·克莱默称为“具有冒险精神的商人创业者（Merchant-Entrepreneurs)”。他们长途跋涉(尤其是在早期)，为建立及拓展本土和已知道的世界其他地区的贸易通路而涉险。和前文提到的诸多手艺与职业一样，这些商人创业者也是这种新现象——职业全职商人——的组成部分。

在美索不达米亚文明出现之前，人们通常以部落为单位，用猎物或自己制作的东西与其他部落交换想要的东西。但实际上专业中介这个概念还没有出现，专业中介不亲手制作任何物品，只负责促成交易，这一理念是崭新的，具有高度的创业精神。按照彼得·德鲁克对创业活动的定义，美索不达米亚文明出现的这一新职业确实是在通过发现和培养新市场以消化美索不达米亚的资源，从而“使资源能够创造新价值”。西方商业中饱受争议的中间人角色就此诞生。

虽然这些活动的目的主要是追求个人财富，但正如后文所述，其产生的影响却更为深远。因为美索不达米亚是已知世界的粮仓，所以远近的外国人都愿意和这个不凡的城市文明开展贸易。美索不达米亚兼具得天独厚的自然条件和先进技术，是全球公认的最大的粮食、枣类、芝麻和其他作物的产地。

肥沃的、得以充分灌溉的土地还出产其他各种重要原材料，包括淤泥和黏土（通常被制成建筑用砖和陶器）、芦苇（家具的重要原料）、书写笔、鱼类和沼泽禽类，以及美索不达米亚肥沃草场上的羊群。但其他地区也有美索不达米亚城邦短缺的物产。克莱默解释说："远途对外贸易对美索不达米亚城市至关重要。因此，虽然他们有吃不完的粮食和用不完的羊毛，却缺少木材、石料或金属等建筑材料，也缺少寺庙、宫殿、富人及全体国民都渴望的珍稀物品。"

英国知名考古学家伦纳德·伍利爵士通过研究在苏美尔人的乌尔城出土的文物，对当时的珍稀物品有了深入的了解。例如，伍利发现的文物中包括一尊装饰着多种宝石的雄山羊雕塑。考古学家认定这个美索不达米亚雕塑上的青金石来自远在 1 850 公里以外的今天巴基斯坦北部的一条山脉。正如前文所述，苏美尔是美索不达米亚最早的主要文明。因此，这一发现就是对美索不达米亚商人创业者开拓精神的最佳证明，他们建立了连通东亚和西亚的陆上贸易路线，这条商路比中国的丝绸之路早了至少 2 700 年。

商人创业者发挥惊人的智慧和勤奋来满足居民方方面面的需求。从来自今天叙利亚和黎巴嫩北部森林中的结实木料到从更远的地方获得珍稀物品，商人创业者竭尽全力地用这些物品来装扮美索不达米亚的各类建筑和民众的生活。另外，他们逐渐认识到能和外国人交换种类丰富的原料，并利用美索不达米亚先进的手工工艺将之加工成其他地区无法制作的高附加值成品。

这标志着带附加值的产品生产和交易这一新型创业行为的诞生。美索不达米亚人用加工好的成品、粮食、羊毛和奴隶，来交换来自埃及的金银、来自波斯和黎凡特的木材、来自努比亚（横跨当今苏丹北部和埃及南部的王国）和印度河谷（当今印度）的物品（象牙、香料和其他珍稀物品），以及来自安纳托利亚（当今土耳其境内）的铜。美索不达米亚的商人根据不同的周边地形和该地区输出/输入的不同商品类型为各条对外贸易路线设定了合适的运输方式。

例如，靠驴拉动的大篷车从非洲运来各种各样的宝石，而满载着粮食的船只逆流而上，从安纳托利亚运回金属。实际上，商人创业者买卖铜矿石和其他矿石的水上贸易非常发达，所以幼发拉底河又被称为“铜河”。一位希伯来先知这样描述幼发拉底河：“大河之上来往的是印度的种子和埃及的收成；而她（美索不达米亚）是各国的市集。”

美索不达米亚创业者的贸易活动，无论从地域、规模，还是多样性程度来看，都无疑是空前兴旺的。英国考古学家雅克塔·霍克斯注意到这一前所未有的贸易量对商业生活其他方面的影响：“对外贸易还有助于刺激已经具备相当成熟度的金融系统的发展……这极大地鼓舞了商人和交易者的创业热情。”事实上，以影响深远的方式重塑商业各个层面（包括创业）的不光是贸易的范围，还有贸易的复杂程度。

下面这段文字节选于一块楔形文字板，涉及商业的四个方面——合同、信贷、货币的使用，以及商会的建立。

> 自 30 年前离开阿舒尔城以来，你从未存款，我们从未收回过一谢克尔银币。即便如此，我们从未让你难堪。我们不断地给你寄送信件，却从未收到回复。我们虽向你的父亲追讨，却从未要回属于你个人的一谢克尔银币私产。请迅速回来。如忙于生意，请将银币存好。（记住）我们从未因此让你难堪，但我们现在不得不采取在你眼中不符合绅士之举的行动。如果收不到你的还款，我们将委托当地统治者和警察寄送通知，让你在商会颜面扫地。而你的商会会员身份也将被终止。

信贷的诞生

商人创业者对信贷的诞生与发展发挥着重要作用。美索不达米亚留下了有关金融历史的丰富记载，出土的很多楔形文字板都能让我们一窥这一文明的商业惯例。但是，正如美国人类学家戴维·格雷伯注意到的：“利息（债务利息）的起源将永远是个谜，因为它在文字出现之前就已然诞生。”即便如此，考虑到美索不达米亚文明是最早的城市文明，这一伟大文明很可能就是信贷合同和其他金融创新的发源地。另外，可以确定的是美索不达米亚商人改良了这些方法并在青铜时代将它们推广到世界其他地方。

商人资本家和新金融工具的发展

正如雅克塔·霍克斯在《最古老的伟大文明》一书中所述：“推动美索不达米亚贸易沿着陆路和水路商道迅猛发展的动力，主要来自信贷机制，尤其是有息借贷。商人资本家（Merchant-Capitalist）正是通过这一方式为商人冒险者（Merchant-Adventurer）提供资金的。”在古巴比伦时期，前者被称为“tamkarun”，意思是将资本借给他人使用的人。他们通常扮演银行家的角色，为其他商人的商业远征提供资金。

即便商人资本家决定独立开展贸易活动，也会雇用 shamallu①，将几乎所有跑腿的工作都委托给他。下述文字节选自可追溯到古亚述时期的黏土写字板，其中提到了美索不达米亚的一位显赫富商雇用 shamallu 的密谋。

① shamallu 和 tamkarun 是当时经济活动中的不同角色，前者指代理（中介）。

我们追问了运输代理 Enna-Sin 处的伊迪森，他表示，他们会保护老板的隐私。他说："出于这个原因，我们已通知 Belum-bani 来跟进你的相关事宜。对于你和商户的委托，你无须担心。"

古巴比伦于公元前 18 世纪在国王汉谟拉比统治时期统一了整个美索不达米亚。在这一时期，商人资本家的活动如此广泛，以至于著名的《汉谟拉比法典》明确提到了这一问题。例如，《汉谟拉比法典》第 102 条规定："如果商人将资金委托给代理（中介）进行投资，即便中介进行的投资亏损了，他仍须全额偿还商人。"一般而言，任何无法全额偿还贷款的美索不达米亚人都会被重罚。如果无法偿还大额贷款，借款人要给债权人当 3 年的奴隶。

我在 2007 年参加了一次会议，当时一位著名商业房地产金融家指着面前桌子上的几张表格及其中的数字肯定地说："信贷是现代美国经济的基石。"考虑到次年的经济危机，这一说法带有可怕的预见性。古代美索不达米亚经济也具有同样的情况。和现代社会一样，创业者的自身财务资源往往不足以支撑其野心。随着掌握资本的人开始使财务资源能够"创造新价值"（按照德鲁克的定义），另一种创业行为在"文明的摇篮"应运而生。

这一过程伴随着将剩余资本提供给商人冒险者，而后者则通过贸易和其他活动给商人资本家带来出色的投资回报。从 21 世纪的视角来看，当时的资金流动涉及的金融协议和工具无论是从多样性还是从复杂程度看都很惊人。其中包括和当今“信用证”相似的协议。一般来说，美索不达米亚人的信用证使用方式如下：商人事先找好商道沿线的代理（shamallu），然后带着大麦、小麦、羊毛朝着某个城市出发。到达目的地后，商人卸下全部或部分货物，以交换代表交货价值的签名字板（通常以谢克尔银币来计算价值）。然后商人将怎样使用换来的签名字板呢？有多种方式：可以直接兑换成货物或其他签名字板，以确保在商道的下一站交付货物。最重要的是，如果商人选择兑换银币，沿途驻扎的 shamallu 必须马上兑换商人的部分或全部字板。

提到这一点，还有一个事实值得注意：早期形式的远期协议（Investopedia.com 将之描述为“所有衍生品的基础”）也源自美索不达米亚。从 21 世纪的视角来看这一事实很有意思，因为全球衍生品市场目前的估值已经超过了 120 万亿美元，比当今预估全球总产出的 15 倍还多，而按《福布斯》杂志的说法，这一预估值包含了“所有生产阶段”的总销售额。

远期合同规定卖方在未来的某个具体日期必须按指定价格向买方交付全部货品。这种合同让买方得以押注商品的未来价值。如果某种商品一个月后因供应短缺而涨价，买方就因远期合同而获利。

相反，如果合同签署后标的商品降价，卖方就因合同受益。

有趣的是，这些合同最早是以陶罐的形式存在的，陶罐里装着黏土制作的标识物以及其他各种各样的标识物，这些标识物代表全部合同条款（如标识物的数量代表商定的价格）。陶罐以见证人的笔迹封印。这些条款还会标在陶罐的表面。如果发生了纠纷，有人怀疑写在陶罐表面的条款已被改动，就将陶罐打开，而陶罐中的标识物就是以防止篡改为目的的最终合同记录。

所有这些流传下来的富有创新精神的金融工具，都体现了极高的成熟度、计划性和组织性，印证了美索不达米亚商人的创造力和智慧。如果没有合同的存在，要使用上述金融工具几乎不可能。而合同本身的诞生，也带来了无可估量的商业影响。21 世纪，虽然某些传统而落后的地区至今仍在坚持使用老旧的方式，但合同已成为大小商业交易的标准工具。

其他资本配置机制还包括常规贷款，比如由公证人批准的协议，规定借款人必须在明确规定的时间内向出借人偿还本金（以及按固定利率计算的利息）。另外，尤其是在美索不达米亚文明初期，一些贷款是由宫廷和寺庙等官僚阶级发放的。这些合同中清晰的条款，也反映了官僚阶层对商人阶级的不信任。相反，由于阶级和职业相似，不同角色的商人之间的信任和亲密程度更高，为更广泛、更复杂的金融协议的出现创造了条件。

商　会

Belanum 发来了如下信息：希望沙玛什神保佑你身体康健。请为我准备好桃金娘花和之前提过的香甜芦苇，以及一艘能将美酒运到西帕尔城的船。带来价值 10 谢克尔银币的美酒，明天来巴比伦找我。

从苏美尔人称霸初期一直到公元前 2300 年阿卡德崛起，苏美尔城邦的政府和寺庙经常参与美索不达米亚庞大的对外贸易。但到古巴比伦时期，庞大的对外贸易成了私人创业者的领地。随着美索不达米亚逐渐脱离苏美尔人残留的影响，由美索不达米亚商人组建并为其服务的商会（也称 karu）开始接管之前由官员和宗教人员掌握的权力。只要宫廷官员拿到税收，寺庙人员得到进贡，商会就有权处理相关事宜。

美索不达米亚统治阶层和新兴商人阶层之间的关系变化呈现出特定模式，这一模式在之后的创业文明中被不断复制。正如前文所述，美索不达米亚官员用傲慢和怀疑的眼光看待商人创业者。但随着时间的推移，管理者认识到虽然这些新兴商人并不拥有尊贵的礼仪，但他们成熟的贸易关系网却能给宫廷和寺庙带来赖以生存的收入。

随着商会的权力日益扩大，美索不达米亚的官员阶层逐渐不情愿地放松了对商业行为的管控。实际上，在很多城邦，商会作为一种半官方的自治机构，管理着整个社会的商业事宜。为了凸显其独立性，也为了在喧闹的美索不达米亚城市保持一定程度的私密性，商会通常选址于乌尔和其他美索不达米亚大型城邦的城墙外。从现代视角看，当时的商会在职能上相当于一种由企业、银行、风投公司组成的联合商会。

21 世纪的商会会员身份能给他们带来一定程度的身份荣誉和定期交流的机会。而美索不达米亚商会的会员身份给予商人创业者的好处从某些角度看大同小异。但本章开头所引述的黏土写字板上的内容证明，商会会员之间的互动紧密深厚，相对现代商会刻板而冷淡的氛围，更接近兄弟情谊。

同样，商会会员身份的影响力也很大，前文节选自黏土写字板的最后一句话所流露出的威胁意味就体现了这一点："如果收不到你的还款，我们将委托当地统治者和警察寄送通知，让你在商会颜面扫地。而你的商会会员身份也将被终止。"显然，写信的人认为，被驱逐出商会这一威胁足以让逃跑的债务人停下脚步。

提到银行服务，商会是商人资本家和商人冒险者之间借贷行为发生的主要平台。另外，到公元前第二个千年，随着宫殿和寺庙放松了对美索不达米亚贸易的严格管控，商会实际上成了首选的商业银行服务提供者，常驻其中的 tamkarun 同时扮演了批贷官和银行家的角色。前文提及的资本筹措计划也都是由商会制定和执行的。

商会还见证了支持当今创业行为的其他支柱的诞生：合资企业，甚至还有消极风险资本的雏形。关于前者，首先要澄清，美索不达米亚商人在漫长的陆上和海上征程中不仅要应对财务上的不确定性，还有实际的危险。因此，和其他商人冒险者（一般在相近地区买卖相似商品的商人）联合起来，就能组成大型大篷车车队。和独自携带商品出行的商人相比，这些同行的商队的规模，对流匪而言更有威慑力。

另外，商人还发现，将资源聚集在一起，不仅可以提升行程的安全性，而且可以降低买卖风险并提高利润。这些聚集在一起的商队相当于非官方的集团，他们在市场上的议价能力和影响力都比独立商户要大得多。而这两大能力直到今天都对通过海外贸易实现盈利的商业活动至关重要。由多个活跃合伙人组成的合资企业就是以这种方式诞生的，其中每个合伙人都扮演着商人资本家和商人冒险者的双重角色。

例如，乌尔城的书面记载显示，在古巴比伦时期，专门从安纳托利亚进口铜和其他矿石的大群商人建立了大型商队形式的合资企业。在这种安排下，所有成员商人都必须拿出一定的资源并承担一定的跑腿工作。到旅程结束时，合资企业的所有成员都能分得利润。

尤其从贸易活动的角度看，这种类型的合资企业为后续伟大贸易文明（包括唐宋时期的中国和其他欧洲贸易强国）下的创业者设定了标准。

和合资企业参与者不同，tamkarun 通常不喜欢因为在沼泽和山区中长途跋涉而弄脏自己精美的衣袍，他们更喜欢投入资金。就这样，tamkarun 对闲置利润的追逐和商人冒险者对资源的追逐共同作用，催生了现代金融的重要前提——消极股权。在美索不达米亚，商人资本家与商人冒险者签订合同，与商人冒险者签订合同的还有寺庙祭司或其他富人。这些合同规定，不出力的一方将提供所需资金，而另一方则负责跑腿工作和通商旅程。等旅程结束，两方将分享利润。

正如古典学者斯蒂芬·伯特曼注意到的："他们（美索不达米亚商人）的商业活动资金有时来自寺庙祭司或富人提供的贷款，后者因其金融投资而收取利息或从利润中抽成。"这种安排相当于今天的由一个积极合伙人和一个消极合伙人组成的有限合伙制。值得注意的是，诞生于美索不达米亚的这一现象还存在多个消极合伙人的投资形式，比如多个 tamkarun 或寺庙祭司。

消极股权起源于美索不达米亚的事实进一步凸显了这一文明下的创业者的深远影响。消极股权是支持现代商业行为诸多方面的运行基础，从几个朋友和家人为某个年轻创业者的想法提供种子资金，到风投公司投资新型癌症诊断设备的研发，再到全球 120 家股票交易所，都是以此为基础的。因此，通过出资（而不是出力）而获取利润的原理也起源于美索不达米亚这一最早的创业社会，这一点似乎也合理。这个时期的商人资本家以回报丰厚的新方式有效利用闲置资本，进而扩大了商业的边界。

非官方货币

美索不达米亚商人在商业生活的另一领域也走在前列——货币的使用和积累。《圣经》中常提到的货币单位“谢克尔”就源自美索不达米亚货币系统。以谢克尔为重量单位（按现代单位换算，每谢克尔约等于 8 克）的大麦是美索不达米亚早期使用的交换媒介，在很长一段时间内都是如此（如给农业工人发工钱）。

但随着时间的推移，谢克尔银币成了非官方的首选货币，尤其在商人中间。（值得注意的是，在美索不达米亚文明后期，人们开始尝试用更廉价的金属来制造官方货币。公元前 704—公元前 681 年的黏土写字板上的一段文字就描述了这种尝试：“我制作了黏土模型，将黄铜倒入其中，做出了不错的半谢克尔硬币。”）但很多美索不达米亚人都用大麦、廉价金属（锡、铜等）或其他物品进行日常支付。

但美索不达米亚商人阶层更喜欢银这种硬通货。就这样，通过囤积世界上可交换性最强、最常用的商品，商人创业者成了全球最早的有钱阶层。和大麦、无花果、铜不同，无论是美索不达米亚的农户、黎凡特的木材商人、安纳托利亚的铜矿商人还是印度的香料种植户，都喜欢白银。

最早的商业殖民地

在那个时代，商业生活在很大程度上是由美索不达米亚商人创业者主导和塑造的。正如拉丁语、阿拉伯语和英语成为后世的国际商业语言，巴比伦和亚述商人所使用的阿卡德语成了广泛地区的首选沟通语言。在今天，瑞典公司和巴西公司的交易可能以英语进行，尽管两国的官方语言都不是英语。同样的道理，从公元前第三个千年初期到公元前第一个千年初期，波斯和希伯来商人的交易会使用那个时代的商业通用语言——阿卡德语。

阿卡德语的普及必然有利于美索不达米亚商人创业者的行商活动。但他们扩大现有市场并进一步向外开拓新市场的壮举还需要更大动作。早在公元前 4000 年，美索不达米亚商人就决定通过在一些具有战略意义的周边地区建立贸易基地来巩固自己的贸易网络。一般而言，这些基地的选址都在最抢手的进口商品的产地或附近，如盛产杉木的黎凡特、铜与其他矿石的主要产地安纳托利亚。

安纳托利亚还是美索不达米亚最大的商业基地之一——卡内什（位于当今土耳其灰山）的所在地。这一基地建于公元前 1900 年左右，位于几大繁荣商道的交叉口，在200多年的时间里一直是美索不达米亚大型商业殖民地。和故乡的商会一样，这一商业殖民地被称为karum，主要目的是出口亚述的纺织品并进口安纳托利亚的矿石。土耳其考古学家在20世纪发掘的卡内什karum遗迹中发现了美索不达米亚居民的豪华住所的遗址。考虑到卡内什及周边地区的贸易规模（该遗址发现的很多楔形文字板都记录了这一点），这样的豪华程度也在意料之中。

和前文提到的制成品加工一样，卡内什等殖民地的建立标志着由美索不达米亚人开创的另一种创业行为的诞生——商业殖民化。这种特殊的创业活动通过加大控制资源和市场创造可观的附加价值。但商人创业者的这些活动只局限在增加商业殖民地上。

正如后面章节所述，后续文明下商业殖民者的殖民行为更激烈。从15世纪到19世纪，腓尼基人、阿拉伯人还有其他欧洲列强在各自创业者商队的带领下，让这一特殊创业行为达到了新的高度和深度。值得注意的是，即便在美索不达米亚时期，对他国的商业掠夺，也常常会带来争议。

《圣经》里记录了希伯来先知那鸿对亚述国王的进言："你不断扩大商人队伍，直到他们多如繁星。但他们就好像蝗虫一样，啃噬了土地后就会飞走。"这肯定不是创业者最后一次被扣上剥削的罪名，尤其是那些占主导地位的大型文明下的创业者。就历史上的某些具体事件来看，剥夺的行为毋庸置疑。

但商人创业者的情况更复杂。有大量证据表明，从美索不达米亚进口的商品在很多国家都很畅销，这些国家的人们迫切地想要扩大与商人创业者之间的贸易。伦纳德·伍利爵士贴切地描述了来自遥远的印度次大陆的商人：

> 在萨尔贡时期甚至更早（从墓碑文字判断），苏美尔和印度峡谷之间的贸易份额如此之大，以至于摩亨朱-达罗或其他城镇的印度贸易公司觉得有必要安排印度的代理人在幼发拉底河流域沿岸的城镇常驻。

另外，也有历史证据支持那鸿对商人创业者“啃噬土地后就飞走”的控诉。例如，由商人创业者发起并最终控制的木材贸易迅速扩大规模，主要是为了满足美索不达米亚不断扩大的城邦对木材的旺盛需求。这一过程丝毫没有考虑到可持续性，以至于美索不达米亚以西、以东的森林永远消失。目前有观点认为，正是这种普遍的砍伐行为，才造成了这一地区的土地盐碱化和其他环境问题。

美索不达米亚文明的没落

无论怎样，美索不达米亚的创业者绝对是推动新生活方式建立的主要动力。商人创业者推动并影响了从农村农业到城市商业和专业化分工的转变，以及从分离到国际贸易的过渡。另外，他们开创了多种获得和偿还资本的手段，因此也是商业金融的先行者。尤其是随着巴比伦和亚述帝国不断壮大，这一体系将以自身为榜样，重塑大部分地区的风貌。虽然两大帝国都最终覆灭，但它们传播的体系却经久不衰，延续下来。

到公元前 6 世纪，米堤亚文明在巴比伦的鼎力相助下超越了亚述帝国。巴比伦帝国在公元前 5 世纪第一次被波斯的居鲁士大帝征服。这位波斯皇帝自称“巴比伦之王”“苏美尔与阿卡德之王”“世界之王”，体现了他对美索不达米亚文明的尊崇。

这个战败的国家又挣扎了两个世纪，最终被另一位雄心勃勃的外国君主“埋葬”。公元前 331 年，亚历山大大帝攻占了巴比伦，仅仅 8 年后，这位马其顿国王死在了尼布甲尼撒二世的王宫。巴比伦被欧洲征服者攻陷，说明当时政治力量的西移已经开始。而从商业方面看，所有美索不达米亚王国都已被腓尼基人抢去了风头，这个海上民族居住在地中海东部，自公元前 8 世纪以来一直垄断该地区的商业。

美索不达米亚商人创业者带来的转变对人类历史进程至关重要。从抱负、创新、执行力和对后世文明的深刻影响来看，这些商人创业者在整个古代时期都难寻对手。有趣的是，无论是古代波斯、古埃及、古希腊、古罗马，还是第 2 章将介绍的无畏的腓尼基海上创业者，都无法和美索不达米亚文明相提并论。

A BRIEF HISTORY OF ENTREPRENEURSHIP

第2章

腓尼基海上商人

你（腓尼基）由海上运出货物，使许多国民充足；

你以许多资财、货物，使地上的君王丰富。

——节选自《以西结书》27：33，“推罗的挽歌”

《圣经》中多处用“迦南人”来代替“货商”和“商人”。显然，对《旧约》的那些作者而言，他们的对手闪米特民族的商业技巧如此令人惊叹，他们觉得迦南人生来就是精明能干的商人。这种传奇的经商天分，在定居于希伯来王国北部（一小块沿海土地，相当于今天的黎巴嫩和叙利亚地区）的迦南人身上体现得尤其明显。这些来自北方的迦南人（腓尼基人）从这个不祥之地出发，重塑了整个商业世界，并为古希腊和古罗马帝国的诞生铺平了道路。

狭长的土地

需要是发明之母，柏拉图最早发现了这一规律。迫切的需求是创业发展的重要动力。正如我们在美索不达米亚文明中所见的，正是由于某些金属、木材和其他重要材料的短缺，才催生了社会上的第一次创业行为。腓尼基的物资匮乏程度更加严重，为了生存，国民不得不出海寻找资源。

与之前的苏美尔和美索不达米亚文明一样，腓尼基更像一个城邦联盟，而不是一个明确的国家。实际上，腓尼基人自己常将城邦作为自己的归属，并没有"国家身份"的概念。但他们有着相同的语言、宗教传承和文化。共同的语言、宗教和文化蕴藏着巨大的力量，帮他们克服复杂的物流难题。

腓尼基人生活在一片狭长的土地上，西临地中海，东临巍巍群山，几乎没有任何耕地。但他们很快就发现，这样的地理条件迫使他们只能偏居海滩，但实际上也给了他们最好的馈赠。群山郁郁葱葱，遍布茂密的松柏林。快速发展的埃及王国、美索不达米亚和其他地区需要大量坚实的木材。于是，腓尼基人开始靠出口松柏为生。

虽然腓尼基人主要出口木材，但他们还在有限的国土上发现并开发了其他畅销产品。例如，骨螺这种海洋生物喜欢温暖的浅水，而地中海东岸海域恰好如此。腓尼基人发现，将打捞的骨螺堆积在旱地上，就可以提取出珍贵的紫色染料。因为骨螺在高温下死亡时，会分泌出染料，汇聚在每堆骨螺的最底下。

这种绝妙的染料和以此制作的上好王室服装深受该地区其他文明下的民族的青睐。例如，到后来的古希腊文明，学者用这种夺目的紫色染料来命名这个海上民族。就这样，迦南沿海文明被后世称为“腓尼基”(古希腊语，意为“紫色大地”)。

腓尼基人另一种著名的出口品是美酒。他们为了利用城邦周围的山地和充足的日照，沿着海岸线建造了大量的高产葡萄园。之后随着腓尼基人东扩，酿酒技术也帮助一些新殖民地创造了价值，尤其是位于古希腊和当今意大利与西班牙的殖民地。

从公元前第三个千年早期开始，也就是巴勒贝克、比布鲁斯、推罗这些城市中心建立起来的时候，一直到公元前 1200 年左右，腓尼基都算不上殖民势力。另外，在此期间，腓尼基的通商范围也很少越过埃及、北部的赫梯帝国（今天的土耳其)、塞浦路斯、希伯来王国、腓力斯和居住在小亚细亚最西边的其他闪米特民族。

居住在腓尼基以南的闪米特人主要以务农和牧羊为生。和埃及商人一样，闪米特王国也有腓尼基人需要的食物和其他产品。塞浦路斯对腓尼基最主要的出口品是岛上丰富的铜矿。埃及是腓尼基商人的主要目的地，商人们起初赶牛车走陆路，后来转向水路，乘坐简单的木筏横穿地中海到达埃及。

最早的腓尼基海商用珍贵的松柏木材向埃及的贸易伙伴换取重要谷物和其他必需品。与接壤的大国通商并不出奇，但腓尼基人在这个时期还发展了传奇的造船和航海技术。到公元前11世纪，腓尼基人的航海成就已经明显超越了先前或同期文明。

航海师与海上商人

腓尼基人之所以能称霸海上贸易，靠的是技术实力和经商技巧。他们迫切地想要扩大与埃及的木材贸易并推动贸易范围进一步西扩，但简单的木筏带来了种种局限，令他们充满挫败感。因为要运输木材，他们需要更大、更结实的船只。幸运的是，他们周围都是雪松木，这种坚实的材料非常适合建造大货船。

西顿、推罗和巴勒贝克海港的造船工人，有效运用了字母表——腓尼基文明最著名的发明。船体的主要构件都标注不同字母。想要正确地拼出单词，每个组件都要安放在船身的既定位置。腓尼基人正是通过这种高明的组词活动来快速而有序地组装船只的。另外，这些古希腊人口中的“海上霸主”对当时的船舶设计进行了一系列重要改良，这些改良都是古代工程取得的成就，影响深远。

在所有航海领域的进步中，最重要的就是龙骨的发明。龙骨是贯穿船只首尾的一整块竖直厚板或一组厚板，构成了船只的脊柱。有了这种结实的脊骨（通常用铁钉牢牢固定），船只就能装载更大、更重的货物了。龙骨发明的重要性难以估量。德国纪录片导演格哈德·赫姆在《腓尼基：古代世界的紫色帝国》一片中宣称，龙骨的发明“与陆路运输的轮子同等重要”。

其他公认的腓尼基人取得的海事进步还包括削尖的撞角的使用，将金属用于造船，以及防水船只的发明。撞角安装在船头，必要时可以威吓意图冲撞的敌船。这一有效的御敌方法很快被其他地中海国家采用，包括伊特鲁里亚、古希腊和古罗马。为保持在远海的竞争地位，其他海上民族迅速观察并效仿腓尼基人在航海领域的重要成就（见图 2－1）。

图 2－1　古代腓尼基人的船只的雕刻品

当然，腓尼基人也同样愿意采纳周边地区的技术，但通常会融入创新。最好的例子就是将铁和其他金属用于造船。他们在与赫梯通商时学会了炼铁，很快就精通了“矿石冶炼”工艺。据记载，安纳托利亚于公元前1500年发明了炼铁工艺，而美索不达米亚时期（青铜时代）之后的铁器时代，则开始于公元前1300年。但腓尼基人最早将铁和其他金属用于造船。这些材料能提升船只的性能和耐用性，这对腓尼基创业者的航海远征至关重要。

随着时间的推移，腓尼基人在这些改良的基础上不断调整。他们想出了一种绝妙的填充缝隙的方法来保证船只的防水性：从松柏中提取黏稠的树脂，用来填充船只缝隙，从而解决之前阻碍不间断海上远征的漏水问题。另一项著名的发明是干船坞，用以将船只拖出水面或悬挂起来，控干水分。干船坞是延长船只寿命的宝贵工具。

腓尼基人常在海角（延伸至水域上方的山脊）附近建造船坞。这是航海文明的又一进步，因为这种选址可以保证海角两侧都可以泊船，从而扩大船坞面积。这也是腓尼基人在古代以最大的造船厂和船坞而闻名的原因之一。腓尼基人的海上设施，都是精心设计的，他们之所以在航海领域精益求精，不是出于对船舶的热爱，而是出于经商的考量。对腓尼基人而言，在商船舰队的服务方面，值得倾注所有心血，任何一个细节都要仔细研究。

航海工程的进步，结合其他因素，使得迦南人能够一代又一代地在东地中海以外的地区赚取利润。公元前 10 世纪初，推罗是当时腓尼基城邦中最强大的。推罗王希兰帮助希伯来所罗门王到撒哈拉以南的非洲地区东部寻找“金银、象牙、猿猴和孔雀”。这次横渡红海的航程使用的水手可能都是腓尼基人，因为他们的航海技术要比所罗门人先进。正如希兰所说：“舰队船只名义上是以色列的，但船员都是在腓尼基雇用的。”

和后世闻名于世的葡萄牙航海家一样，只要报酬丰厚，腓尼基水手也接受其他国家的雇用出海。例如，就在腓尼基人为希伯来国王效力的那次航行 300 年后，法老尼哥雇用腓尼基人从埃及出发一路向南，绕行非洲大陆。腓尼基人热衷于迎接这种前所未有的挑战，他们成功地完成了此次航程。这次环航不仅换取了埃及统治者慷慨的赠予，同时还让他们有机会开发新的商业机遇。

海上民族：商业的国度

和古埃及人、古希腊人、古罗马人不同，热衷于创业的腓尼基人看待所有问题都会透过商业的视角，尤其是海上探险。无论是艺术美感还是军事实力，所有其他维度都被放在次要地位。一般来说，腓尼基人只有在考虑这些方面会推动还是阻碍其商业活动时，才会顾及这些方面。最突出的例子是，古迦太基和古希腊处于敌对状态时，（西方的）腓尼基人备战的主要策略，就是花钱雇用迦太基（腓尼基人在非洲北部建的最大的城邦）周边善战的雇佣兵。正如希兰所说，这种应战方式，带有“典型的重商民族风格”。

在腓尼基文明下，城邦自上而下都由商人治理，这种社会形态前所未有，后世也极其罕见。正如前文所述，美索不达米亚的商人阶层一直要小心寺庙和宫廷的官员，后者在美索不达米亚文明的大多数时期都是最有影响力的政治实体。即便在美索不达米亚商人在贸易和其他商业领域占得优势地位的时期，有关战略、军事、法律和其他事宜的最终决策权还是掌握在宫廷和寺庙手中，而不是商人的商会。

正如意大利考古学家奥尔多·马萨所说：“腓尼基城邦的真正主人，是望族的族长或大商行的主人。”这些家族企业的领导者是“国家财富的管理者，也是大型商业帝国的主人”，此外，他们还共同“组建了类似参议员的机构（无论具体称谓如何）”。一般而言，这些家族正是从腓尼基人的贸易路线和后来的殖民带组成的网络中获利最大的那些人，尤其是拥有最多殖民土地的商业精英（在特定历史阶段，他们占据了所有地中海岛屿）。

商业与领土扩张

回溯历史，由于腓尼基的各项决策是由狂热的创业者主导的，因此腓尼基文明的对外商业扩张具有必然性。腓尼基人在最初有限贸易网络的基础上向四面八方扩张。他们向东与美索不达米亚人、波斯人及其他用大篷车走陆路将商品运往腓尼基港口的商人建立了回报丰厚的贸易关系。但其西向航海贸易的非凡性和卓越性更能体现腓尼基人的成就。

英国考古学家唐纳德·哈登在研究了现有证据后得出结论：“腓尼基人一开始向西航行，是以商人的身份，并不是真正意义上的殖民者。”腓尼基人最初建立海上贸易哨站的目的，不是设立掠夺土地的大本营。他们在古埃及和古希腊南岸等地设立哨站的模式就说明了这一点。腓尼基人在孟菲斯城（古埃及城市，法老所在地）的定居地都位于商业区内，而他们在西西里的定居地最终覆盖了西西里岛的西半部。

古埃及和古希腊这些伟大文明与落后、人口稀少的国家不同，腓尼基人想觊觎两国的领土不切实际。而且腓尼基海上创业者衡量成功的标准是利润，不是领土面积。对他们而言，领土扩张只在能推动商业发展时才有意义。正是出于这个原因，虽然在同一时期古希腊的领土扩张深入腹地，幅员辽阔，但腓尼基人的殖民地只局限在沿海的一小块地区。

然而，随着腓尼基人的贸易网络不断扩张，他们的活动轨迹也超越了东地中海地区。腓尼基人需要在腓尼基城邦以外的地区建立永久性定居地。在这一过程中，他们很快发现，贸易不是可以在西方岛屿和沿岸开展的唯一一种商业形式。意大利半岛以西的西西里岛就是一个明显的例子。擅长制酒和售酒的腓尼基人发现，这个岛屿和家乡一样，都是理想的酿酒地。于是，腓尼基人发挥创业精神，在人烟稀少的西西里岛部分地区建立了繁荣的酿酒与贸易产业。

腓尼基人在地中海地区的掠夺，始于塞浦路斯岛的大块土地和当今土耳其的一小段南海岸线。后来，这些海上创业者稳步向西推进。到公元前900年，腓尼基人在今天的罗兹岛、马耳他、戈佐岛、西西里和撒丁岛都建立了永久殖民地，其中马耳他和戈佐岛都是当今国家马耳他的属地。

当时腓尼基人与古希腊人仍然保持着友好关系。腓尼基海上创业者在罗兹岛东南段的林多斯用雪松和纺织品换取各种著名的古希腊艺术品，从小型陶器到真人大小的铜像。撒丁岛盛产铜矿，于是腓尼基人与当地人合作，在该岛南岸建立了港口。300多年来，撒丁岛原住民与腓尼基人和平共处，很大程度上是因为腓尼基海上创业者为换取当地开采的铜矿，带来了各种外国商品。

腓尼基人还沿着非洲北部海岸修建了大型港口和仓库，并在之后一个世纪逐渐发展为永久殖民地。随着公元前8世纪迦太基的建立和发展达到顶峰，这一区域成为定居的中心。在古罗马诗人维吉尔的作品中，作者将腓尼基君主称为“女王狄朵”，被视为不朽的化身。正是她赐予迦太基“Qart-Hadasht”这个名字，在腓尼基语中意思是“新城”。腓尼基人在非洲北部的沿海领地最终从今天的摩洛哥一路延伸到埃及西缘。而位于当今突尼斯境内的迦太基，则是腓尼基在非洲北部和地中海西部地区的商业与军事中心。

在公元前 8 世纪初期，在判断和发现哪里是战略位置方面展露出非凡眼光的海上创业者，开始在地中海欧洲沿岸展开一系列领土侵占活动。这些殖民地主要集中在今天的西班牙和法国，包括加迪(今天的加的斯，腓尼基人由此获得西班牙西南部盛产的白银)、马六甲（今天的马拉加)，以及西班牙的马略卡岛。其中最著名的就是马赛利亚，也就是今天的马赛。法国小说家大仲马在经典之作《基督山伯爵》中将这个法国第三大城市描述成“推罗和迦太基的姊妹，地中海帝国的继承者；马赛，永远都越活越年轻”。

在原住民众多的境外领土，腓尼基人更倾向于采用“商业征服”的方式。考虑到殖民者的商业背景，这样的做法不足为奇。换而言之，腓尼基人会通过建立并持续发展商业关系及基础设施，逐渐成为该地区的商业命脉。一旦原住民在经济上形成依赖，腓尼基人就可以宣布领地归为己有。腓尼基海上创业者通过这种方式，利用自己无可匹敌的商业智慧来攫取领土。

例如，一旦判断出当地人的喜好，海上创业者就会慷慨地赠予当地人相应的珍稀物品。接着，当当地人在享用腓尼基海上创业者带来的美酒、古希腊艺术品或其他外国商品时，腓尼基人就会开始展开谈判，协商和平获取领土。但有些骄傲的民族会将此举视为冒犯，认为腓尼基人试图通过贿赂来剥夺他们世代生存的土地。遇到这种情况，腓尼基人就会采取不太友善的方式。但正如前文所述，腓尼基人早期的军事征服也带有商业色彩，因为他们使用的都是由外国雇佣兵组成的大型军队。

大多数情况下，海上创业者是上述定居地和其他北地中海定居地最早的殖民者。在一些人烟稀薄的地区，实际上是腓尼基人建立了最早的人类定居地。当然，他们也最早在殖民地建造并维护所谓的基础设施。正是由于这个原因，很多历史学家和考古学家认为腓尼基人是原本落后的欧洲地中海和北非地区最早的“教化者”。

提到腓尼基人西扩的影响，托马斯·诺布尔在与其同事合著的《西方文明：跨越国境》一书中写道：“结果就是，腓尼基殖民者将西亚文明输出到地中海西部地区，尽管他们并没有有意地这么做。”正如前文所述，城市文明发源于西亚城邦苏美尔，这是美索不达米亚地区最早的伟大国家，也是文明的摇篮。它代表了一个历史转折点，一个从生活着狩猎者和采集者的农耕时代到建立了城镇、城市、正式商业和多元化劳动力的时代的转折。

腓尼基城邦与乌尔建立的时代相隔久远，但腓尼基城邦与美索不达米亚商人的通商绵延几千年，因此该地区充斥着美索不达米亚文化。例如，广为人知的腓尼基神灵巴力和阿什脱雷思分别与美索不达米亚神灵贝尔和伊什塔尔名字相似。位于亚洲大陆最西边的西顿、推罗和巴勒贝这些腓尼基城市，经济繁荣，都带有浓郁的西亚文明色彩。

尤其是到公元前 8 世纪，在古希腊和伊特鲁里亚文明崛起之前，在非洲北部和欧洲地中海地区，除埃及外，都生活着相对原始的部落社会。因此，腓尼基人在整个地中海地区的扩张确实具有开化作用，因为腓尼基人的扩张有助于传播作为城市文明开创者的西亚人所带来的技术和社会进步。

跨越世界边界

腓尼基人贡献了历史上最早的创业文明案例。为追求更多利润，他们敢于挑战已知世界的界限。古希腊历史学家狄奥多罗斯将这一趋势称为“以追求自身利润为目的的发现”。虽然这位古希腊历史学家的描述毫无赞美之意，但主要以获取财务收益为动机的发现确实是创业活动的推动力。除了极少数例外情况，创业活动都是为了追求一己私利。而成功的创业行为，即便再普通，也通常涉及某些形式的新发现，可能小到在某个小型本土市场发现新的细分需求，或者通过微幅提升生产效率而小幅降低某个产品的价格。

但腓尼基人的故事构成了整个创业史上最激动人心的篇章，因为他们以逐利为目的的众多发现，都带来了深远影响。其中最知名的例子就是腓尼基海上创业者勇敢地跨越了当时公认的世界边界。

地中海和小亚细亚地区的多个人类社会都对“无尽之海”（“Great Sea”）西部边缘的狭长通路怀有畏惧之心，这一通路两岸耸立着嶙峋的岩石，欧洲的一侧是今天的直布罗陀巨岩，而非洲一侧则是同样高耸、险峻的山脉，摩洛哥人称为摩西山。

在古代，人们将两者合称为“赫拉利斯[1]之柱”，因为它们让古希腊人联想到一个传说——宙斯的儿子曾被捆绑在巨大的石柱上。在当时的认知中人们认为，以石柱为标志的地中海西边缘也是地球平面的边界。人们一直以来都相信，驶过该边界后一定会掉进无尽深渊。

腓尼基人与地中海或西亚的其他民族不同。对他们而言，未知世界潜在利润的诱惑如此之大，超过了他们对驶过“世界边界”所感知到的危险以及由此带来的恐惧。他们沿着已知世界纵向、横向扩张商业活动，因此获得了丰厚的利润。于是，腓尼基海上创业者决心进一步扩大自己的贸易哨站和殖民地网络。他们反复证明，腓尼基人为了这一愿景不惧死亡。

黄金海岸与凯尔特锡

据传，在公元前 6 世纪，腓尼基人在迦太基知名航海家汉诺的带领下，沿着非洲西北部的大西洋沿岸航行，并沿途停留数次进行

① 赫拉利斯是古希腊的大力英雄。——译者注

探险。有些停靠点位于今天的摩洛哥境内，后来成了沿海殖民地。但此次航行最瞩目的成绩，是和更南部（当今塞内加尔沿海领土）的非洲部落建立了商业关系。这些关系长久且利润丰厚，无论从商业还是文化交流的角度来看，都具有转折性意义。

同时期的古希腊人记载了腓尼基人与撒哈拉沙漠以南的非洲地区之间的贸易活动，揭示了腓尼基海上创业者作为最早造访这片沃土的创业者，获得了怎样的回报。

> 到岸后，他们会卸下货物，在海滩上摆好，然后回到船上，点起火使之生出浓烟。原住民看到浓烟，就会跑到海岸，留下用以交换商品的黄金，然后退开一段距离。迦太基人（或腓尼基人）给黄金称重。如果数量合适，就收好黄金驶离；但如果觉得不够，他们就会回到船上，不再碰触黄金，直到原住民加量到与商品等值为止，而原住民在对方收下黄金之前，不会触碰货物。

上述文字节选自公元前 5 世纪古希腊著名历史学家希罗多德的叙述。这段文字除了揭示腓尼基人攫取非洲黄金外，还在很大程度上说明腓尼基海上创业者是如何设计物物交易的具体形式来获得有利的交易条件的。和历史上很多成功的创业者一样，腓尼基人以牟利为目的的创新，并不局限在货物的采购、制造和分销环节。从上述文字可以看出，商品的销售环节（财富从卖家转移给买家的过程），也是进行创新思考的好时机，腓尼基海上创业者充分利用了这一机会。

无论其他人对这种精明是钦佩还是蔑视，都无法否认，腓尼基人擅长设计利润丰厚的交易。也许最突出的例子，就是他们用廉价的古希腊陶器与当今塞内加尔的非洲部落交换昂贵的贵金属。非洲部落的族人迷恋浅肤色的腓尼基商人在海滩上留下的装饰品——古希腊双耳陶罐、花瓶和碗具，却并不知道他们每天踩在脚下的金沙的价值，而腓尼基海上创业者正是利用他们的无知来获取暴利的。

按照希罗多德的说法，腓尼基人的商品除了古希腊艺术品外，还有五花八门的西亚和南欧珠宝，这些对从未接触过西方世界的人来说颇具异域风情。值得注意的是，虽然腓尼基人最看重非洲的黄金，但可能也从非洲沿海部落获取其他物品。例如，在汉诺掌舵的非洲航海之旅中，船上的商人对象牙和奴隶也有兴趣，虽然我们并不清楚他们这次出海是否带回了这两者。

值得注意的是，黑人奴隶在当时已经开始进入“文明世界”，即使这样的人并不多。有些黑人奴隶在埃及的朝廷侍奉高级官员。考虑到腓尼基人长期参与古希腊和地中海其他国家的奴隶交易，他们有可能也参与了为埃及长期客户提供黑人奴隶的交易。因此，腓尼基海上创业者可能是最早做黑奴交易的“西方人”。

几百年以后，腓尼基人发现了另一个遥远的社会，在那里可以与当地人交换另一种抢手的金属——锡。锡不仅是青铜的重要组成元素，自身用处也很多。腓尼基海上创业者急于获得大量的锡，不仅为自用，也是为获取另一种可以在其他地方交易的珍贵商品。正是这一点激励着腓尼基人穿越北大西洋的惊涛骇浪，到达凯尔特人聚居地的北部。他们的交易对象包括不列颠人以及铁器时代居住在爱尔兰的凯尔特人，前者是当时英格兰南部的主要民族，也是凯尔特人。

康韦尔地区以南的群岛，也就是今天的西西里群岛，被腓尼基人称为“锡群岛”。因为该地区的锡贸易利润丰厚，腓尼基人将这些岛屿和凯尔特北部地区列为自己最重要的航海发现。按照 19 世纪牛津古代史教授乔治 · 罗林森的说法，这条新商路“如此珍贵，以至于一位腓尼基的船长发现紧随其后的古罗马船只后，宁愿让自己的船触礁，也不愿意让对手发现安全抵达产锡海岸的秘密”。当然，无论是与西非人交易黄金、与古希腊人交易艺术品，还是与北凯尔特人交易锡，腓尼基海上创业者都小心翼翼地守护着自己的商道。

腓尼基人很早就知道，他们的商品越多样化、越异域化，从贸易中获得高额利润的机会就越大。另外，他们发现异域感很大程度上取决于距离。在西亚商人看来，拥有整个地中海地区最畅销商品的腓尼基港口城市推罗，是“无尽之海”的大仓库。

对这些商人来说，腓尼基人自己的产品虽然也有销路，但不太有异域感，不像来自地中海西部海岸的交易哨站的商品那样特别。而腓尼基人最擅长的，就是为只有他们这些海上霸主才能提供的商品谋得最高售价。当然，这种煞费苦心的牟利方案，取决于腓尼基人能否维持自己在海上贸易领域的霸主地位，包括只有他们才知道的某些贸易路线。

一些学者认为，腓尼基人的贸易网络从不列颠群岛一直向东延伸到波罗的海。有证据表明，常用琥珀制作项链的腓尼基人可能到过盛产琥珀的波罗的海地区。但这些琥珀也可能来自南欧，从更北部的地区走陆路运输。因此，腓尼基人与波罗的海地区通商的理论，虽然激动人心，却仍无法确认。

还有些关于腓尼基人贸易地域范围的偏门理论更讲不通，尤其是认为腓尼基人曾与波利尼西亚群岛、今天的巴西、纽芬兰或其他地区通商的理论。既然腓尼基海上创业者已被证实的成就已经展示了令人惊叹的航海技能和无畏精神，那些更大胆的猜想就显得毫无依据且没有必要了。

从铁器时代地中海居民的视角来看，撒哈拉沙漠以南的非洲地区和不列颠群岛本身就几乎可以算作新世界了。地中海居民不熟悉也不了解黑人社会，这一点从汉诺在其航海日记中所使用的惊人说法就可以看出来。他讲述了自己和水手没能捕捉到一些男性的经历。汉诺有时称之为“猩猩”，有时称之为“男子”。接着，他又描述了抓捕“三个女性”的经历。汉诺写道：“我们的人想把她们抬走，但她们因为不愿意和我们走就又抓又打。最后，我们只能杀了她们剥皮，带回迦太基。”

我们并不清楚被抓的雌性是否为人类。但汉诺在叙述中令人困惑的语言说明，这位来自腓尼基西部的指挥者至少对非洲部落（高加索人除外）人种的长相很不熟悉。当然，腓尼基海上创业者将人皮当作外来进口商品带回迦太基的事实让人不寒而栗，这也说明西方与“黑暗大陆”（dark continent）的南方地区之间接触多么有限。

这同时也说明了腓尼基人远航的重要历史意义。他们推动上述地区及凯尔特岛居民（区别于在当今西班牙和法国大陆居住的凯尔特人）进一步接触地中海城市文明，带来了难以估量的深远影响。这两个与世隔绝的地区无论从技术、经济，还是从其他方面来看，都落后于以迦太基为中心的腓尼基文明。

迦太基：西方海上强国

这是推罗的领地；

人们骁勇善战，勤于贸易；

迦太基就是它的名字；

卓诺爱它甚于自己的阿哥斯和萨摩斯海滩。

——维吉尔，《埃涅阿斯纪》

创建迦太基的君主以利沙，是推罗王玛坦的孙女。历史证明，位于非洲北部的这个殖民地是腓尼基人所有海外殖民地中最有影响力的，注定会超越推罗、西顿和以利沙女王的祖先之前建立的其他城邦。事实上，腓尼基世界的重心不断西移，从推罗一直到迦太基。到公元前 6 世纪，腓尼基东部的城邦已经落入亚述帝国的军事管制，而迦太基人则称霸地中海西部地区。

按照史书记载，迦太基的历史长达 700 年。在此期间，他们建立了从某些方面来看独立于地中海另一侧的祖先的强烈认同。但这些西腓尼基人与故土推罗城仍保持着重要联系。例如，作为文化与宗教团结的象征，迦太基望族每年都会派遣使者东渡，在推罗城最神圣的寺庙麦勒卡特献祭。

从商业角度看，迦太基和推罗的海上创业者之间有一种强烈的亲缘关系。虽然各城通常独立开展商业活动，但东、西腓尼基人会携手对抗竞争对手的商船舰队，尤其是古希腊人的舰队。很明显，作为一个海上领土横跨地中海的政权，大腓尼基必须团结起来才能更好地保护并扩张商业利益。也正是出于这个原因，占主导地位的商人都是狂热的殖民主义者。虽然腓尼基人的殖民活动主要基于商业考量，但腓尼基西扩的重要副产品，就是将西亚文化和技术传播到西地中海甚至更远的地方。

腓尼基人在历史上扮演的角色：传播者、生产者、海盗

传播者

> 你在海中丰富，极其荣华。
>
> 荡桨的已经把你荡到大水之处。
>
> 你由海上运出货物，就使许多国民充足；
>
> 你以许多资财、货物，使地上的君王丰富。
>
> ——《以西结书》27：25，26，33

上述《圣经》中的文字体现了其他民族对腓尼基人的钦佩与嫉妒之情，也印证了这些海上创业者在航海探险和国际贸易领域的领先地位在当时是世所公认的。腓尼基人的航程远达非洲大西洋沿岸和不列颠群岛，这更加说明了这些海上创业者如何在利润的驱动下发现了先前未知或鲜为人知的地区，进而不断扩大已知世界的版图。他们在印度洋和黑海地区的海上探险历程，虽然没那么耀眼，但也充分体现了他们的航海实力。

事实上，腓尼基人除了通过商业手段扩大已知世界版图之外，还在文化和艺术交流方面走在世界前列，他们的文化影响遍及世界已知版图的每个角落。腓尼基人在自己的领地通常扮演中介的角色，

用一个贸易伙伴的商品交换其他贸易伙伴的商品。例如，他们用古希腊人的珠宝来换取古埃及产的亚麻，然后在腓尼基售卖。同样的道理，这些海上创业者还用各种各样的商品来换取埃及的猴子和鳄鱼，再卖给西亚的贸易伙伴，西亚的贸易伙伴则会给腓尼基人带来充满异域风情的东方商品，包括美索不达米亚的织毯、阿拉伯半岛的香料、波斯的珍珠和克什米尔制作精良的披肩。

当然，这些地区性贸易伙伴也会买入腓尼基人从非洲大西洋沿岸和不列颠群岛带回来的更有异域风情的进口商品，这些来自遥远地方的人也同样沉迷于海上创业者从腓尼基定居地及贸易伙伴那运来的装饰性艺术品和珠宝。虽然这个由海上商人组成的民族完全以追逐利润为动机，但作为连接遥远社会的通道，他们让亚洲、非洲和欧洲广大地区的人民开阔了文化视野。

考古学家在撒丁岛（原腓尼基殖民地）找到了产自非洲的铁器时代的黄金，这一发现有力地证明，腓尼基海上创业者是那个时代的商业中介。蜜蜂在百花间采粉、授粉，在此过程中孕育新生命（也就是新一代的花朵）。和蜜蜂一样，腓尼基人也缔造了新的组合和联系（尽管这只是洲际商业活动所带来的副产品），其中很多都对人类的历史轨迹产生了深远影响，这是他们当时完全无法预见的。

海上创业者在相距遥远的地区之间传递丰富的新奇商品和新鲜理念。最能强烈地感受到相关影响的人，莫过于腓尼基人在整个地中海和西亚地区的长期贸易伙伴。哈登在提及这些海上创业者的非洲之行所带来的影响时，总结道："毫无疑问，是腓尼基人将这一广袤地区的产品传递到地中海文明世界，而不是古希腊人，因为他们的非洲殖民地并不大，也不是埃及人，因为他们的贸易范围只局限在尼罗河盆地和临近腹地。"

提到不列颠群岛，虽然腓尼基人竭力隐瞒通往这些产锡地区的航道，但迦太基的西腓尼基人的宿敌——古罗马人——还是通过间谍获知了这一秘密。很快，古罗马人就开始沿着海上创业者开辟的航道和不列颠群岛上的居民打交道。到了公元 1 世纪中期这里变成了古罗马殖民地，并持续了长达 350 多年。不列颠出现了大型的古罗马人定居地。其中一个定居地被命名为 Loudon，也就是今天的伦敦。当然，英语和盖尔语使用拉丁字母的事实，说明了古罗马与不列颠群岛交流所带来的又一持久的影响性。但在某种程度上，这一现象可以追溯到腓尼基人，是他们最早将伟大的地中海文明带到了不列颠群岛。

生产者

英国播音员兼作家威廉·戴维斯在《创新者：商业思想者、成功者和创业者的基础指南》一书的导言中将创业者描述成"不满足于应对事件，而想要掌控事件"的人。创业者追求掌控感的欲望，解释了腓尼基人原本局限于贸易活动，之后却逐渐扩展到其他领域活动的原因。如前所述，他们开始攫取领土并发展殖民地的农业和相关产业，也包括制造业（海上创业者也开始学着自己生产之前从其他文明地区采购的商品）。

从酿酒到生产纺织品和木器，制造业永远是腓尼基人经济生活的重要组成部分。尤其是随着海上创业者通过殖民探险将文明散播到更广袤的可耕种土地，他们也证明了自己出众的耕种与畜牧能力。腓尼基人一直以超凡的造船技能和炫目的紫色织物而著称。但随着时间的推移，他们凭借海上贸易、探险方面的无敌实力丰富了可用材料，而他们闻名的手艺也不再局限于航海和纺织两方面。

写于公元前 7 世纪的《以西结书》是怎样描述以西结北方的邻居们的呢？书中主要提及了他们的航海和贸易实力，对他们的纺织工艺只是稍有称赞。大约 300 年后，根据《旧约》中《历代志》的记载，当时的希伯来人明显对腓尼基人工艺的丰富程度赞叹不已：

> 他父亲是推罗人，他善用金、银、铜、铁、石、木头，以及紫色、蓝色、朱红色线与细麻制造各物，并精于雕刻，又能想出各样的巧工。

值得注意的是，这段叙述提到的第一种材料是黄金。腓尼基人利用小型磨具改良了黄金和其他金属的成形工艺，得到了同时代其他文明的赞叹，其中包括腓尼基人的宿敌——古希腊人和古罗马人。按照一般观点，这两个民族在视觉艺术方面的成就领先于腓尼基人。撒丁岛腓尼基殖民地遗址出土了许多项链、护身符和软膏罐，都是令人惊叹的金属器物。

除了金属装饰品之外，撒丁岛的出土文物还包括腓尼基人的玻璃制品。古罗马哲学家老普林尼曾记载了当时地中海地区的普遍说法——腓尼基海上商人无意中“发现”了玻璃。“因为没有石头垫锅，他们从船上拿来苏打块放在锅下面。苏打块加热后与沙滩上的沙子混合，形成了一种未知液体，这就是玻璃的起源。”

无论腓尼基人到底是不是玻璃的创造者，他们都精于这种重要材料的制作和塑型。腓尼基人在罗得岛和马耳他的殖民地见证了玻璃产业的蓬勃发展。马耳他至今仍是玻璃制造业的中心，据说该地匠人所采用的方法传承于腓尼基。另外，考古学家还在古代亚述和以色列的宫殿遗址出土文物中发现了来自腓尼基的形状优美的玻璃花瓶，无论切割还是塑型都很精细。他们在这一遗址发现的腓尼基人制造的家具，将象牙和玻璃精妙地组合在一起。一些古代文明对腓尼基人制作的华美织垫和室内装饰品也有着极高的评价。

虽然腓尼基人在不同材料的造型方面表现出色，但这些作品的审美价值往往不及来自同时代其他文明的艺术品。正是由于这个原因，腓尼基海上创业者更容易成功卖出古希腊人和古埃及人的艺术品，而不是自己的作品。但是，为了不断追逐更高的收益，有些腓尼基人开始不满足于中介交易所带来的利润。于是，和当今的仿冒品生产商一样，腓尼基人也开始从事“仿冒”业务（这种业务很可能就是他们发明的）。

在古代迦太基所在地区和地中海西部其他地区出土的文物说明，哈登所说的“埃及风格商品”，在公元前 7 世纪初经历了重大转变。当时，这些商品的产地已经从埃及转移到腓尼基人在迦太基开办的制造基地。相对于产自埃及的真品，这些非埃及制造的仿冒品有一个漏洞，就是质量稍逊。美国考古记者露丝·古德在《最早城市的居民》一书中提到，“腓尼基工匠的作品遍布古代世界的各个城市，从美索不达米亚一直到意大利和西班牙”“腓尼基工匠巧妙地模仿当时的各种风格”。

腓尼基人以越来越多的创新方式“使资源能够创造新价值”，在这个过程中，开创了人们常说的仿冒业务，这一产业虽饱受争议，但由来已久。在当今经济全球化的背景下，仿冒品的盛行程度前所未有。按照经济合作与发展组织的说法，仿冒品的年产量和年销量达到了惊人的 2 500 亿美元。

而那些本身没有从事仿冒业务的企业，通常也有模仿之嫌。毕竟，即便当今最伟大的创新成功案例，也掺杂了模仿的成分，从 JetBlue 到 Facebook，从 Chipotle 到安卓智能手机，无一例外。不过它们并没有定义新的产品和服务类别，而是将现有理念稍加调整，再积极有效地推广自己的新型改良版产品。和腓尼基人一样，现代创业者认识到了以他人的观点和设计为基础来模仿他人产品，比重新设计自己的产品，赚钱更容易。

海盗

“事实上，除伊特鲁里亚人和腓尼基人之外，其他野蛮人以前都算不上是航海者。而伊特鲁里亚人因贸易而闻名，腓尼基人则因海盗活动而著称。”这段文字出自伟大的古罗马雄辩家西塞罗在公元前 54 年发表的经典著作《论共和国》，反映了当时很多古罗马人对迦太基的痛恨，尽管早在公元前 2 世纪，古罗马已经永久性地征服了这座腓尼基人的城邦。因此，这段对腓尼基人品格的分析很难谈得上公正。实际上，西塞罗将他们讥讽为野蛮人。考虑到腓尼基人的伟大成就，这种论断最多是一种偏见。

但西塞罗绝不是第一个抨击腓尼基海上创业者海盗活动的外国作家。在此 400 年前，希罗多德就相当详细地描述了腓尼基人海盗行为所带来的悲剧：“腓尼基人到了阿哥斯后，开始从船上卸货。”后来，这些货物吸引了一大群好奇的女性前来，其中包括古希腊城邦阿哥斯国王的女儿艾奥。希罗多德写道：“突然，腓尼基人一边彼此传递消息，一边扑向这些妇女。虽然大多数女子都侥幸逃脱，但艾奥和其他几个人被掠到了船上。”

从希罗多德时代上溯 350 年，荷马在《奥德赛》中借虚构的希腊英雄奥德修斯之口，对这些海上创业者的虚伪和贪婪做出了与希罗多德高度相似的描述。这位古希腊诗人在介绍一个“腓尼基男子”时，将其描述为“异常诡诈，是个贪婪的无赖”。在这篇经典的史诗作品中，令人憎恶的腓尼基海商试图将古希腊英雄卖到利比亚当奴隶，但没能成功。这位古希腊最著名的诗人对海商的猛烈抨击，足以说明问题。

希伯来人与腓尼基海上创业者的贸易交流很频繁，他们对腓尼基海上创业者的看法也流露出相似的憎恨甚至厌恶之情。以西结有很多抨击腓尼基人失德的长篇大论，其中一篇写道：“你们为了追逐辉煌而玷污智慧。你们不及地上的尘埃。”和古希腊人对腓尼基人的批判类似，希伯来先知以西结也提到了“人口交易”。显然，至少有两个同时期的地中海文明认为，腓尼基海上创业者的商业行为带有掠夺性。但古希腊长久以来都在和腓尼基争夺海上霸权，有时甚至诉诸武力。考虑到这一点，我们很难判断这类评论有多少是合理的，而不是出于敌意和嫉恨。

有证据表明，腓尼基人对规模较小又相对原始的地中海社会确实有掠夺行为。在一些没有抵抗能力的地区，一些相对贪婪的海上创业者就会绑架当地强壮的男性、好看的女性甚至任何原住民并以高价卖给奴隶主。等下次停靠，他们就会出售这些掠夺来的“货物”。

但这一古代最伟大的海上商业帝国的统治者并不傻。腓尼基海上创业者很精明，他们知道，虽然掠夺和其他形式的偷窃行为能通过欺凌弱者来获得财富，但不足以维系他们庞大的贸易和生产网络。他们知道，贸易和生产网络中的每个节点，都立足于他们与领地原住民之间某种形式的商业关系。除个别事件（如公然破坏与撒丁岛原住民之间的领土共识）外，腓尼基人一般能认识到，要维系这些关系，至少需要一些最基本的信任，即便双方彼此不喜欢，至少也要相互尊重。

他们成功地与一些重要的贸易伙伴建立了互利关系，这些商业关系的深厚和持久程度，令人惊叹。尤其是与埃及的通商关系，延续了 1 500 多年。另一位希伯来先知以赛亚将海上创业者描述为“万世景仰的商人”。这一事实也说明，腓尼基人是可靠的贸易伙伴。但这些传奇海上创业者的财富无疑存在奸诈勾当的污点，尤其是因海盗行为而引发的抨击。从这个角度讲，腓尼基是最早的有掠夺行径的伟大创业文明，但它绝不是最后一个。

欧罗巴

无论是由于受到质疑的商业行为、竞争压力还是两者兼而有之，海上创业者是古希腊、古罗马世界辱骂的对象。古希腊人和古罗马人分别为腓尼基人和迦太基城敲响了丧钟。虽然这三方长期维持贸易关系，但来自腓尼基原始城邦的海上创业者和古希腊人觊觎相同的贸易路线和领地。

这种竞争关系间歇性地爆发为敌对活动。随着古希腊人日益强大，他们的敌意从很大程度上危及了腓尼基原始城邦的生存。在接下来的几个世纪，随着腓尼基人的文化重心转移到迦太基以及古罗马人反超古希腊人，地中海西部地区两大政权之间的对抗，演变成了一场世界上最可怕的大屠杀。

数百年间，腓尼基人的商业扩张几乎没有受到任何阻碍。但之后，他们的战略地位随着西亚政权的一系列扩张而逐渐衰弱。到公元前 870 年左右，亚述王那西尔帕二世一直打到了腓尼基沿岸。军事上落后的腓尼基人明智地放弃了所有武装抵抗，决定敞开大门迎接这位强大的君主。那西尔帕二世曾向史官提到，腓尼基人奉上了“黄金、白银、锡、铜、镶着彩边的亚麻衣袍、大小猩猩、黑檀木、黄杨木和海象牙”。这些多彩而丰富的贡品，同时也展现了腓尼基人的商业实力及其对亚述王国的潜在好处。

和新巴比伦人以及之后的波斯人一样，亚述人在称霸西亚的同时一般允许腓尼基人保持一定程度的自治。同时，地中海地区的海上力量平衡，逐渐朝古希腊倾斜。到公元前 7 世纪，腓尼基在地中海东部一些岛屿的地位，已经受到了古希腊人更激进的贸易和殖民化活动的威胁。但腓尼基贸易仍然活跃。

虽然腓尼基人的黄金时代已经画上了句号，他们的领地也沦为强大的西亚政权的附属城邦，但腓尼基人基本上还能自由贸易并保持自己的生活方式。如马萨所述，最后连推罗城也“宣布放弃伟大抱负，而叙利亚沿岸其他城市很早之前就已经对自己不抱有信心了”。海上创业者甘愿接受这样的政治现实，因为他们“只要能保留商人身份，只要能掌握更多信息，更快地洞察商机，更灵活、更节俭，从而比敌人更富有，就心满意足了”。

虽然海上创业者仍然富有，但他们的城邦失去了真正意义上的独立地位。因此，统治者希望海上创业者能从商业上（必要时甚至从军事上）给予帮助。公元前 539 年，波斯人最终夺取了之前由新巴比伦人统治的领地，并征募腓尼基人来帮忙重建朱迪亚城邦的商业和民用基础设施。60 年后，面对古希腊的军事压力，波斯人将商船队改造成了自己的地中海海军。当然，作为属地的腓尼基城邦没有其他选择，只能从命。200 年后，古希腊世界（包括古希腊和马其顿）最终反超波斯，亚历山大大帝的铁蹄踏破了推罗城墙，而这代表东部腓尼基文明的覆灭。

但在迦太基及其在地中海西部地区的殖民地（当时包括撒丁岛、科西嘉岛和西西里岛西半部及西班牙的部分领土），腓尼基文明之火仍未熄灭。迦太基和明显不擅长商业的古罗马之间的竞争并不激烈。

事实上，这两个政权的同盟关系延续了 250 年，直到公元前 264 年两国因西西里而开战时才破裂。当时，古罗马已经建立了强大的军事力量，他们用了 30 年时间，将西西里、撒丁岛和科西嘉的迦太基人全部驱逐。

公元前 218 年，一心想重现迦太基昔日辉煌并收复失地的传奇名将汉尼拔将战火烧到意大利半岛。虽然汉尼拔在古罗马境内取得了一系列胜利，但敌军很快重整旗鼓。到公元前 211 年，迦太基全线溃败。古罗马人一心想一次性地扫除这些“非洲侵略者”。到公元前 200 年，他们的和平条约实际上禁止迦太基拥有海军。当时，迦太基在地中海西部地区的所有殖民地都已落入古罗马人手中，主要防线也已崩溃。任其自生自灭几十年后，古罗马人终于在公元前 148 年给了迦太基最后的致命一击。

经历了漫长的围攻后，迦太基的幸存者沦为奴隶。到公元前 145 年，地中海两岸的腓尼基人被欧洲政权永久击溃。后者除了摧毁腓尼基文明外，还执着地诋毁它的名声。如前文所述，即便在公元前 145 年之后的很多年，古罗马人仍将战败的迦太基人称为“野蛮人”。正如荷马所描述的，古希腊人也竭力在历史记载中将他们刻画成一群贪婪并从事偷盗和欺诈的商人。

我们将古希腊和古罗马所在的大陆命名为欧洲。这个称谓实际上源自欧罗巴——古希腊神话中一位美丽的腓尼基女性的名字，她被宙斯掳到克里特岛。地中海的欧洲政权曾抨击腓尼基商人的掠夺行径，其言论从某种程度上说是公正的。但和宙斯一样，这些政权本身也对这个充满商业智慧的海上文明大肆掠夺，侵占他们重要的商业成果、航海技术、先进的城市文明，甚至他们的文字。因此，虽然腓尼基的发源地并不属于欧洲，但这些海上创业者的遗产，将在这片摧毁了它（或者更恰当地说，掳夺了它）的陆地上传承下去。

A BRIEF HISTORY OF ENTREPRENEURSHIP

第3章

古罗马人的艰难奋斗史

对那些从事商业交易的人来说，公正是必不可少的。

——马库斯·图留斯·西塞罗

在创业领域，古罗马人的遗产与热衷创业的美索不达米亚人和腓尼基人形成了鲜明的对比。事实上，古罗马的与众不同之处在于，它是古代甚至有史以来最欠缺创业精神的文明。有人可能会质疑：既然这样，这本介绍创业史的书，为什么要专门留出一章来讨论这一文明？部分原因是，古罗马的创业活动可以深刻地揭示，即便在不利甚至遭遇打压的情况下，创业活动也不会停歇。

古今文明中，有些会有意识地培养有助于创业的环境。这些文明积极鼓励人们创造性地追逐利润，只要最终结果合法即可。与之相反，从古埃及到苏联，历史上有很多政权主动打击甚至规避这种追逐利润的行为。从很多方面看，古罗马就是这样一个政权。

实际上，品格高尚的古罗马人规避创业活动，就好像当今世界最有良知的公民绝不染指武器和色情行业一样。虽然有些国家已将这些利润丰厚的行业合法化，但很多人仍将它们和人性的阴暗面联系在一起。同样的道理，古罗马人将创业行为甚至更广泛的商业行为，与人类低等粗俗的本能相联系，认为它们配不上古罗马人的高贵。

在古罗马，那些不那么受尊重的人，从有一定地位的骑士阶层往下到奴隶和前奴隶（前奴隶在当时被称为自由民，也就是被解放的奴隶），“创业”与这些人的身份看上去很“匹配”。在古罗马贵族看来，这些二等和三等公民无论从道德还是智力水平来看，都适合从事“创业”这一卑下的职业。在古罗马历史上很长一段时期，这一群体不仅建立并经营了新业务，有时甚至还把它们发展到类似连锁店的规模。可以想象一下，如果古罗马贵族穿越时空来到美国，看到像沃尔顿家族（因沃尔玛连锁超市而闻名）这样的商业王朝因为从事在他们看来最好留给奴隶从事的活动而备受尊重，会多么震惊。

古罗马人的创业活动还有其他有趣的层面值得思考。一般而言，在古罗马作为超级军事、文化和经济强国称霸西方世界的漫长历史时期内，创业精神仍在这种压抑的环境下顽强地生长，相关的例子很多。但在详谈古罗马文明的创业活动之前，我们要着重介绍古希腊和古希腊世界——腓尼基和古罗马文明之间的连接者，这一点很重要。

古希腊

腓尼基人的商业活动遍及整个地中海地区，因此古希腊人的商业生活在某些方面与腓尼基高度相似。和它位于的地中海东部地区竞争对手一样，古希腊的经济发展，也依赖于其不断扩大及多元化的贸易基础。到公元前 4 世纪，古希腊人交易的商品几乎无所不包：从制成品到原材料，从奢侈品到日常用品，再到艺术品、金属、粮食、鱼类、美酒、橄榄油，甚至奴隶。

虽然古希腊人的贸易网络不及腓尼基人广阔，但也足够令人惊叹，从波斯一直到高卢（今天的法国），从波罗的海一直到北非。提到航海探险，古希腊人虽然无法超越腓尼基人的成就，但其本身绝对算得上出色的航海者。后来，在古罗马最终取代古希腊成为西方世界霸主的时代，古希腊航海家希帕罗斯从海路到达了印度和今天的斯里兰卡，完成了前所未有的航海壮举。

和腓尼基的海上创业者一样，追逐利润的古希腊商人借助回报丰厚的贸易和制造行业获得了可观的财富和地位。但和由商人领导的腓尼基文明不同，古希腊文明和古罗马文明一样，并不看重商人。

虽然古希腊的金融系统（包括标准货币的广泛使用和最早的正式银行）要比腓尼基文明成熟得多，但古希腊人的观念和单纯地追逐利润相冲突。

在古希腊，农耕和牧羊才是理想的职业选择。古希腊学者色诺芬在思考这一普遍观点时宣称，农业代表“最高尚的职业”。在对创造性的追求方面，古希腊人对艺术美感和哲学的敬仰程度，远高于商业手腕。虽然商人阶级创造了巨大的财富，但很多古希腊人对这种以追逐高额利润为动机的创业活动仍然抱有质疑的态度。在接下来的几个世纪，随着古希腊文明的发展和强盛，这种对创业活动的轻蔑态度依旧没有改变。

古罗马的崛起

马其顿的菲利普攻克雅典后，马其顿人篡夺了（也基本保留了）古希腊文明。随着菲利普之子亚历山大大帝开疆扩土，古希腊世界包含了之前的整个波斯帝国，并由古希腊人、马其顿人和半自治殖民地的各种“委托”统治者共同治理。亚历山大的帝国被三位将军瓜分。在之后的 300 年间，位于地中海东部地区的这个古希腊世界的统一，不时受到地区战事的挑战。

从商业上讲，古希腊世界垄断了从印度到高卢的贸易路线。帝国的一大财富就是“大古希腊”，它指位于意大利半岛南部的地区，也就是有些人口中的“靴子后跟”。但是，在意大利中部还有一个强国，在分属古希腊和伊特鲁里亚的南北意大利殖民地形成的夹缝中崛起，建立了地中海的另一伟大古文明——古罗马。古罗马历史的起源可以追溯到公元前 8 世纪上半叶，到 100 多年后落入伊特鲁里亚人之手时，古罗马经济一直以农业为主，贸易活动很有限。

和腓尼基人一样，据记载发源于地中海东部地区的伊特鲁里亚人，也是狂热的工业家和商人。因此，在公元前 7 世纪和公元前 6 世纪，整个意大利半岛原本以农为本的经济系统中逐渐出现冶金、花瓶制作和奴隶贸易。这一时期古罗马城邦的三位国王都是伊特鲁里亚人。尽管如此，古罗马还是深受古希腊文化的影响。等到古罗马摆脱伊特鲁里亚人的统治逐渐崛起时，古希腊人对创业活动的鄙夷态度，也开始在古罗马人中盛行。

古罗马共和国

古罗马共和国诞生于公元前 509 年，当时已摆脱了伊特鲁里亚人的统治和君主制的束缚。这个新生共和国的宪法，至今仍是西方文明乃至全球各地西式代议民主政治的基石。但实际上，尤其在初期，古罗马共和国是一个寡头统治国家，政治和经济权力都集中在少数据称受过高等教育的贵族手中，这些“出身高贵”的人被称为贵族。男性贵族（当时还没有女性参政）掌管着新生的共和国，沿袭了“权力走廊”的固有传统。而普通公民——也就是生来并无贵族特权的绝大多数古罗马人，都属于庶民。

这两个社会阶级一个人少却权重，另一个人多却权轻。两者之间的紧张关系影响了共和国的多个生活层面。最好的例子就是，100多个家族（全部为贵族）垄断了古罗马政治机构400多年。贵族阶层掌握着规模可观的世袭土地，实际上他们利用自己的政治权力构建了阻挡广大庶民的经济堡垒。社会历史学家迈克尔·格兰特发现，对古罗马贵族而言，“土地财富才是真正体面的资产；而最幸运的事情，就是继承土地”。格兰特继续介绍，那些担任政治职务的人，“能够靠非劳动收入维持生活，而这些收入自然来自（他们的）地产，因为贸易不受尊重”。

即便如此，古罗马共和国的政治体制确实在某种形式上也代表了庶民的利益。可以说，贵族迫切地想为古罗马所有自由公民维系社会稳定与和谐。从很大程度上来说，他们是成功的。虽然从21世纪西方的视角来看，古罗马算不上公平社会。但它的法律体系为现代社会法律制度的诞生奠定了基础。无论从成熟的法律体系还是发达的基础设施来看，世界上所有其他文明，都无法与古罗马文明相提并论。

在基础设施方面，凝聚了古罗马人聪明才智的工程发明至今仍为人赞叹。用以到达高处平地的斜坡等发明被用作军事用途；而遍及欧洲大部分地区的铺面道路（很多道路覆盖铺料后用作公路）则用作民事用途。这些道路自然也方便了商人、供应丰富货品的零售商以及其他创业者。同样的道理，维护财产权的健全的法律体系，无论在古代还是现代，都是使创业活动蓬勃发展的重要社会保障。但在古罗马并非如此，至少整体上看不是这样。

在古罗马，只有特定的社会经济阶级才能创业成功，并且只在整个古罗马历史上的特定时期才能成功。这种错位是由古罗马文明中相互对立的商业文化和贵族等级结构所造成的。贵族牢牢占据财富金字塔的顶部，他们为“慈爱”地监管周围境况不佳的出身“卑微”的公民而自豪。但这个金字塔周围环绕着护城河。也就是说，庶民确实享有一定程度的自由（尤其体现在政治与法律多元化上），但不能挑战贵族统治者世袭的经济霸权。

利润是我的，不是你的

创业活动通常会激发新的致富形式，而这种“通往金字塔顶部的阶梯”恰好是贵族体系竭力要破坏的对象。但与此同时，贵族阶层却能以各种形式将其继承的财富增值，有些方式甚至引起了其他贵族的怀疑。老普林尼[1]曾讥讽，一些军事战争的起因，居然只是为

① 老普林尼，公元 23—79 年，古罗马学者。——译者注

了让贵族能获得“更好的香料”。除了发战争财外，公职人员在签订大型公共建筑合同时，还会收取高额的回扣。

正如尤韦纳尔所述：

> 再见古罗马，我要离你而去
>
> 将你留给卫生工程师和城市建筑师
>
> 他们签订那些利润丰厚的合同时，甚至颠倒黑白
>
> 就这样——新的庙宇、排水沟、港口设施、河道清理，
>
> 以及全部公用事业——把钱收好
>
> 然后欺骗性地申请破产

当然，这种“创业行为”虽然饱受质疑，却最终沿袭下来，全球各地仍有一些政府官员这样操作。其他人脉广的贵族则将财富投资于由“骑士阶层”（待本章后续部分深入讨论）创建的与工程相关的投资工具上。这些活动证明，只要是对对的人用了对的方法，创新的生财方式完全是可以接受的。奇怪的是，虽然古罗马贵族鄙视贸易、借贷和大多数其他商业形式，却对地产投机网开一面。

美德与罪恶

老加图是公元前 2 世纪古罗马坚定的保守派政治家。有人曾向其请教各种职业的高尚程度。传说，他将放贷和谋杀相提并论。老

加图本身就是一位在古罗马“世界性”程度日益提高的背景下坚决抵制外来影响的斗士。虽然我们可以从这个角度来理解他对放贷行为（该行为在地中海其他地区盛行）的蔑视，但贵族看待商业和其他牟利形式的观点还是存在奇怪的错位。

存在这种错位的部分原因，在于利用遗产和家族关系的投机行为基本是消极行为。与之相反，贸易、制造和其他商业形式则要花费心力，这与古罗马绅士的身份不相称。这也体现了贵族对庶民的态度是多么虚伪和自私自利。因此，无需世袭特权的商业形式被视作贪婪而不体面的，而那些依靠特权的商业形式被视作高尚的。

西塞罗写道：“从批发商处进货后迅速转卖的商人是粗俗的，因为他们必须靠大量谎言才能获得利润；事实上，歪曲事实是最卑鄙的事情。”当然，古罗马人的投机行为通常涉及各种形式的罔顾事实(更别提赤裸的贪腐了)，这比贸易要恶劣得多。这位古罗马雄辩家因为要顾及自己的贵族主子，所以小心避免贬低贵族阶层中风行的贪腐活动，其中包括不择手段地利用肥差以权谋私。这种行为虽然会招致质疑，却完全合法。而西塞罗本人在担任基利家的安那托利亚省省长期间，也利用职权而大发横财。

但凡贵族通常不会从事的职业，都被西塞罗泼了脏水，这也反映了他混迹于贵族圈。在他看来，“收税和放高利贷”“所有靠体力劳动换取报酬”的职业以及“技工”都“俗不可耐”。按照西塞罗的说法，“鱼贩子、屠户、厨师、家禽贩子和渔民……香料商和舞者”甚至“更不值得尊重”，因为他们“取悦的都是感官感受”。在现代读者看来，这样的分类简直不可理喻，这也凸显了古罗马人的态度在今天看来有多么怪异。

在贵族看来，庶民应该在农场干活，耕地畜牧；而制作器物的工匠，则应该待在简陋的作坊。或者，依照贵族的观点，庶民还应该像工蜂一样为共和国的基础设施建设出力（如修建沟渠和公路），这样的职业也是高尚的。共和国不鼓励创业活动，至少不鼓励广大平民创业。事实上，正如格兰特所述，古罗马社会的社会经济活动“充斥着各种障碍”。

著名古罗马历史学家李维在叙述共和国早期历史时，介绍了这些障碍多么坚固。他提到，一位平民代表“提议允许贵族和平民通婚，而贵族则认为这种做法不仅会玷污他们的血统，还会颠覆家族承袭的原则”。文章的后半部分说明，虽然共和国在政治民主方面已经取得了突出进步，但两大主要社会阶级仍有所区别，存在明显的不平等。即便如此，一部分有热情、有能力平民利用了贵族阶层对创业活动的不屑这一弱点，并获得了突出的成就，这一模式是可学习并沿袭的，于是在这个过程中，他们对古罗马严苛的社会阶级制度发起了挑战。

骑士创业者

古罗马文明曾一度被盘踞半岛两端的两大强有力的文明夹在中间。到公元前 272 年，古罗马人最终从伊特鲁里亚人、古希腊人和其他民族的手中夺回了对半岛其他地区的控制权。他们牢牢地掌控着整个意大利，同时所辖地区的人口也急剧增加。古罗马正在逐渐成长为一股实力不容小觑的地区性军事力量。之后，古罗马人与迦太基人开战，并开始夺取北非、西西里和西班牙的领土。所向披靡的古罗马人所从事的贸易通常和偷抢没什么区别。而古罗马的商人阶层也从中获得了一定的政治权力，这在古罗马共和国早期是无法想象的。

当时，很多从事金融和贸易的创业者都来自骑士阶层。这个阶层的成员虽然也是平民，但他们的财产达到了一定标准，由公家提供马匹，在古罗马骑士军团服役。公元前 3 世纪初，夺取意大利的战役正酣，古罗马的当权者需要大量的士兵，单靠贵族阶层无法满足。因此，享受特权的军队不得不向卑微的平民敞开大门。而他们所采取的方式，能使最富有的一部分人摆脱普通平民的身份。

但骑士阶层仍属于庶民，他们急切地想摆脱这一身份。很多人比起颜面更在乎晋升，于是他们利用古罗马政权在整个地中海地区扩张所产生的诱人的商业机会，开始建立贸易和金融业务，很多商业形式都是前所未有的。在这些商业创新中，影响最为深远的，是首次公开发行系统的雏形。

随着古罗马通过一系列的军事活动将领土范围扩大到意大利以外的地区（尤其是到小亚细亚的东部诸省），军事活动背后的骑士承包商开始在“古罗马的华尔街”——圣道——上积极地向古罗马公民出售股份，尤其是面向贵族和其他骑士。这些骑士扮演的角色包括股票销售员、投资银行家和雄心勃勃的国际交易商，他们是古罗马社会颇具创业精神的一个群体。

作为边缘人，骑士阶层成功跻身上流社会。他们的成功是早期创业史上的一个范例，印证了一个不断重复的模式：在很多情况下，社会中最具有创业精神的成员，往往是种族或宗教意义上的边缘人。相关的例子包括中世纪伊斯兰文明创业浪潮中说阿拉伯语和波斯语的索罗亚斯德教徒、基督教徒和犹太商人，以及21世纪在越南、泰国和其他东南亚国家持有大量股权的华裔商人。

我们还可以找到其他例子，包括16世纪原本贫困潦倒后来却在美洲大陆大发横财的来自西班牙的有犯罪前科的人。实际上，当时美洲的创业阶层中，包含了大量社会经济地位处于边缘地带的人。这种模式在当今时代依然存在。托马斯·史丹利和威廉·丹科在1998年出版的经典之作《邻家的百万富翁》一书中揭示，“美国的百万富翁，有80%都是白手起家”。绝大多数新贵既不在《财富》500

强企业中担任要职，也不是电影明星，而是创业者，“在美国 20％的富裕家庭是已退休人员家庭”。但“剩下 80％的富裕家庭中，有 2/3 以上的家庭自己开公司”。

将创业活动作为攀爬社会经济阶级的天梯，这种做法跨越了时代和文化的界限。但纵观历史，很难找到比古罗马更鲜明的例子。骑士阶层掌握着大型工程合同和相关投资，他们在这些“大型业务”领域的权力很大（虽然贵族也在这些领域发挥重要作用）。但规模较小甚至一般规模的创业活动，从业者主要还以奴隶和前奴隶（古罗马人称其为自由民）为主。

奴隶与战利品

有关古罗马奴隶制的书面记载最早可追溯到公元前 5 世纪，但这一体制可能在古罗马共和国诞生之前就已然存在。古希腊盛行奴隶制，公元前 8 世纪以来一直居住在意大利南部的古希腊人也有蓄奴行为，他们很可能将这种行为传播到了发展中的古罗马城邦。但直到古罗马共和国开始稳步扩张成为全球最大的洲际帝国时，古罗马的蓄奴行为才开始大量出现。

如前文所述，迦太基人最终于公元前 149 年全面战败。战争的幸存者全部沦为古罗马人的奴隶。随后一个多世纪，随着古罗马人接连战胜古希腊人、哥特人和高卢人等其他民族，这种先攻占后奴役的模式被不断复制。提到对高卢人的征服，有人曾估计，古罗马不仅夺取了当今法国的土地，还获得了50万名奴隶。

到公元1世纪末，奴隶占古罗马总人口的比例为1/4～1/3，常有贵族拥有数百名奴隶。当时，古罗马共和国已经被帝制所取代。在上百年残酷的权力斗争（很大程度上是由大型对外侵略行为造成的经济动荡而导致的）后，屋大维于公元前31年成为古罗马的最高统治者。4年后，他自称奥古斯都大帝，古罗马彻底告别了共和国时代，迈入帝国时期（见图3-1）。

图3-1　古罗马正在工作中的奴隶

在尤利乌斯·恺撒于公元前44年遇刺后，奥古斯都·恺撒带领古罗马进入了一段相对和平的漫长时期，史称“古罗马和平时期”。和平的维系靠的是在境外的军事实力及从共和国时期沿袭下来的部分选举制度。后者有助于古罗马帝国在不断扩张并在图拉真大帝的统治下达到顶峰的过程中稳住大后方。

图拉真大帝在位时，古罗马的疆土南起埃及，北至今天的苏格兰；西起伊比利亚的大西洋沿岸（今天的西班牙和葡萄牙），东至苏萨（位于今天的伊朗境内）。按照英国历史学家爱德华·吉本所描绘的古罗马帝国全盛时期（公元 98—117 年）的版图，古罗马的领土包括了他所说的“地球上最美的地方”。从北非沿海，一直到欧洲和小亚细亚大部分地区，“爱好和平的原住民”“没能好好地发挥财富的优势”。

帝国扩张带来了大量的商业机会，同时古罗马本身的世界化程度也在不断提高，两者都在侵蚀古罗马的传统道德观。就这样，贵族阶层对商业的长久敌意也开始慢慢减弱。古罗马诗人尤韦纳尔在公元 1 世纪末写道：“无论利润来自何方，都芳香扑鼻。”这段话被古罗马人民中比较具有创业意识的群体奉为箴言。即便在某些领域开办业务的行为已经开始被尊重，但从事其他层面商业活动——尤其是贸易和放贷——的人，却没能完全摆脱低下的地位。而这样的商业活动，恰好给奴隶留出了施展拳脚的地方。

当时，意大利半岛的工业和农业依赖于奴隶劳动力的状态已经持续了 300 多年。随着古罗马共和国军事化程度的不断提升，奴隶劳动力日渐风行，因为大量的年轻男人被送往国外战场，无法充当劳动力，同时外国战俘也源源不断地被运回国内，成为奴隶。另外，由于大批雇用奴隶，传统的家庭种植转变为种植园产业经济，大量家庭农场因此破产。有时候，这些农场主需要卖子偿债，或者被迫沦为奴隶。

越来越多的来自外国的奴隶推动着古罗马国内社会变得更加多元化——虽然这一结果是间接发生的。随着对外侵略的扩大，奴隶制已经成为古罗马人商业生活的重要组成部分。因此，当古罗马从共和制转为帝制时，这个国家的日渐繁荣并不“平衡和健全”。按照H. J. 哈斯凯尔的说法，“这种繁荣是寄生式的，靠的是消耗东方国家长期积累的储备，以及在矿山和农场爆发式地使用奴隶劳动力”。

当然，古罗马人对创业行为的反感和哈斯凯尔所说的“寄生式”繁荣直接相关。再次引述彼得·德鲁克的思想，当时的社会环境不鼓励赋予现有资源创造新价值的能力的行为，社会对利润的追求，体现在军事侵略和对战俘的镇压上，在这个过程中并没有对工业给予尊重，这与贵族的态度是一致的。古罗马人在攻克几座城池后将其夷为平地，迦太基就是其中之一。实际上，有些城市沦陷之前已经建立了重要的本土工业。如果古罗马人不是一心追逐贵金属和奴隶这样的直接利益，这些工业都可以被保留。

法国经济学家保罗·路易斯发现，古罗马奴隶“在矿山辛苦劳作”，还有成群的奴隶“在巴勒莫平原，在努米底高原，在泥泞的尼罗河沿岸打谷”。虽然古罗马已经建立了成熟的法律体系，但身为战俘的奴隶不算公民，所以过着牲畜一样的生活。奴隶大多营养不良，还要忍受奴隶主在精神和身体上的鞭挞。古罗马奴隶的生活非常悲惨，但他们的痛苦比较短暂，因为据估计，他们的平均寿命在 19～21 年，这也可谓他们的“幸运”。

大多数奴隶已经屈服于残暴的奴隶主，不再抵抗，但还有少部分奴隶通过起义来反抗这种体制。很多起义规模相对较小，持续的时间也比较短暂。但公元前 135 年，西西里岛发生了第一次大规模奴隶起义。西西里的历史学家狄奥多罗斯对这次起义的总结颇有见地：

> 古罗马人从这个富饶的岛屿上攫取了巨大的财富。尤其是富裕阶层，终日沉迷于骄奢淫逸和不可一世的状态之中。奴隶主对待奴隶越残暴，奴隶的恨意就越深。最终，这种仇恨某一天在一个适当的时机爆发。虽然没经过事先筹划，但上千名奴隶很快聚集起来反抗他们的主人。

第一次大规模奴隶起义激发了遍及地中海地区所有古罗马领地的反抗活动。3 年后，一支由近 7 万名奴隶组成的大军给贵族统治带来了致命的威胁。到公元前 131 年，奴隶大军被古罗马军队血腥镇压。但紧接着又发生了两次大规模起义。最后一次起义发生在公元前 73 年，领导者是斯巴达克斯。1960 年由柯克·道格拉斯主演的电影，让这位角斗士家喻户晓。

斯巴达克斯聚集了一支 9 万人的奴隶大军。起义军在意大利半岛坚持了 3 年，最终被马库斯·李锡尼·克拉苏镇压。克拉苏是古罗马的一位政治家和富商，也是尤利乌斯·恺撒的亲信。为确保不会再发生大规模奴隶起义，克拉苏不仅镇压了起义，还将 6 000 名战俘钉死在路边的十字架上，这条“死亡之路”从加普亚一直到古罗马，延续了 120 英里。古罗马人对奴隶劳动力的依赖已经如此深刻，以至于按迈克尔·格兰特的说法，这些起义军共同构成了“自汉尼拔以来古罗马所面临的最大威胁”。

虽然古罗马此后没再发生大规模的奴隶起义，但广泛使用奴隶所造成的问题仍未解决，还在持续发酵。但古罗马贵族没兴趣考虑这种人道主义问题。只要这些奴隶顺从听话，他们的存在和古罗马社会的贵族世界观就没有冲突。不过，这些贵族很快发现，他们其实已经对创业者敞开了进入权力和特权世界的大门。早在公元前 2 世纪后期，一些有能力的奴隶就已经获得了可观的财富，甚至一定的尊重。

从奴隶到翻身当主人

在古罗马共和国的最后 150 年中，奴隶数量迅速增加，很多奴隶的工作是参加工程修建和维修现有建筑。因为在共和国贵族看来，这样的劳动简单而枯燥，与他们的贵族血统不相衬。奴隶很快就控制了古罗马人最喜欢的美食贸易，从面包和咸鱼等基本食材到鸭肉和糖果等美味。此外，他们的贸易活动还涉及衣物、檀香木，甚至艺术品。很多情况下，这些生意在由古罗马公民出资但实际创立和经营则由奴隶操作的店铺中完成，其中许多奴隶都不是古罗马人。

考虑到美索不达米亚和腓尼基悠久的商业史，不难想象，对来自被古罗马征服的小亚细亚古希腊语区的奴隶而言，最理想的工作是在店铺干活，而不是在田地或工厂。R. H. 巴罗写道："叙利亚人或古希腊人在商业、数字和语言方面所展露的天赋，是意大利人不能企及的。"另外，与对这些工作心存不屑的古罗马人和古希腊人不同，相对于辛苦的农场工作和可能导致丧命的采矿工作而言，来自小亚细亚的战俘更喜欢在店铺工作。

很多从商的奴隶，无论是本国人还是外国人，都朝着一个比不被奴隶主虐待更有吸引力的目标努力，那就是自由。从传统的人道主义角度来讲，解放奴隶是古罗马残酷的社会体制中少有的几个可取之处。在大多数情况下，如果善良的奴隶主在遗嘱中包含了释放部分或全部奴隶的条款，那么这些奴隶在他死后就会成为自由民。

但奴隶们通常会选择另一种更直接的通往自由之路，那些较有创业意识的古罗马奴隶更是如此。随着时间的推移，奴隶从商业活动中所分得的利润积累到一定程度，就可以从奴隶主的手中买回自己的自由。这种安排通常带有互惠性，因为奴隶主可以通过这种终极激励措施鼓励奴隶不断壮大业务。在很多情况下，奴隶主甚至对奴隶产生了依赖性，需要依靠后者来维系甚至盘活自己拥有却不知如何管理的生意。大量记载表明，奴隶甚至会代表主人签署重要的商业合同。“我，维斯塔利斯，作为波皮迪亚的奴隶，以书面形式声明我已收到……”

同样的道理，在古罗马帝国时代早期，奴隶和自由民构成了被称为“恺撒家人”的群体，他们的工作很高尚，就是跟踪和管理帝国的收入。一群奴隶和前奴隶居然进入了古罗马帝国的财政部，这样的发展确实出人意料。但在很多其他情况下，作为刚获得自由的古罗马公民，这些前奴隶会选择利用自己卓越的商业技能来自主创业。其中有些人非常擅长创业活动。

尤维纳利斯所写著作中的一位自由民创业者有些夸大其词的话语充分说明了这种现象：“噢！我知道我是外国人，看我的耳洞，这没什么好抵赖的。我出生在东方，在幼发拉底河河畔。但我的 5 艘船能挣 40 万（塞斯特蒂，古罗马货币单位），看见了吧？”这位出生在美索不达米亚地区的前奴隶接着说：“如果血统高贵的贵族只能在内陆放羊，而我的财富比任何帝国的宠儿都要多，那么元老院议员的紫袍又有什么意义呢？”

考虑到一些古罗马皇帝的私产都交由擅长商道的自由民打理，尤维纳利斯笔下的角色所获得的成就并不像看起来那样遥不可及。

我们提到的这个前奴隶不仅不是古罗马人，还是备受歧视的“亚洲人”，但他的财富已经超过了某些古罗马贵族。贵族在舒适的特权环境下长大，而奴隶大半生没有自由。这种鲜明的对比凸显出创业精神的另一个永恒主题——弱者心理。

通用前董事长兼首席执行官杰克·韦尔奇是公认的当代美国最伟大的企业管理者之一。他和夫人苏西在 2008 年合著了一本书《赢》，书中有很多有关上述现象的重要洞见：“大多数人投资后都会想办法规避风险。讽刺的是，这种避险行为本身可能会导致新的风险。”韦尔奇接着说：“迎接新事物时，你要勇往直前，永远不要抱有‘只要不输就行’的态度。”

但对竭力保持土地财富和受人尊重的地位的古罗马贵族来说，“不输就行”是一种习惯性选择。于是，即便在像古罗马这样存在明显阶级意识的社会中，贵族创业时根本不具备那些兼具抱负和商业智慧同时又不担心失去财富或社会地位的自由民所拥有的魄力。正如韦尔奇所述，最好的创业者不会规避风险，而是会迎难而上。因此，贵族的保守主义，加上他们一贯鄙视创业的态度，为自由民成功创业铺平了道路。

这种颇有讽刺意味的事态转折动摇了古罗马的社会阶级，引起了传统主义者的仇视。传统主义者对此极尽嘲讽之能事。作为古罗马最伟大的诗人之一，贺拉斯的抨击对象包括那些成功的自由民。

他们的财富超越了贵族，让这一傲慢的阶层蒙羞。“即便你因为自己的财富而趾高气昂，再多的财富也改变不了你的出身。”致富确实不能改变出身，却可以改变古罗马的财富与权力分配，而这正是贺拉斯和其他出身高贵的人所害怕的。

数百年来，贵族们都在努力捍卫一个严格的社会等级制度，这一制度从很大程度上定义了古罗马人的政治和经济生活结构。正如古典历史学家克里斯多夫·哈克所述，在古罗马共和国后期，部分自由民出人意料地成功打破了这一等级制度，甚至突破了自己所处的阶层。哈克写道：“农场主沦为社会底层，而众多城市自由民甚至奴隶，则进入了富裕阶层。”

到古罗马帝国初期，自由民在富裕人口中所占比例达到了30%～40%。考虑到贵族体系之前一直成功地让庶民待在“适当的位置”(除了骑士阶层这一特例外)，这个数据令人震惊。但在贵族看来，一些古罗马富豪的血统，甚至比低贱的庶民还要卑微。这些人原来是奴隶，一生中有很长一段时间根本算不上古罗马公民。更糟糕的是，这些人中有些并非出生在意大利，甚至也不是欧洲人。

虽然大多数富裕的自由民都是靠贸易、零售、手工和银行服务发家的，但令贵族气愤的是，有些“可恶的”新贵，居然在买入贵重的地产，并借此进入有产阶层。另外，在古罗马帝国初期，自由民在帝国的民事服务领域占主导地位，其中很多人担任行省财政要职（也就是财政税务官）。这方面最直观的证据，来自庞贝古城遗址。这个度假小镇于公元 79 年毁于维苏威火山大爆发。1 500 年后，人们重新发现了这座被尘封于公元 1 世纪末的城镇，让历史学家得以直观地观察古罗马人当时的生活。

从庞贝古城遗址看自由民的地位，可以得出的结论是，自由民及其后代在统治城镇的贵族中占到了 40%。对很多贵族而言，这些前奴隶掌握了太多的权力，拥有了太高的声望。毕竟，这种情形在帝国早期是不能想象的。从古罗马传统主义的角度来看，这些外来的自由民获得了经济上甚至政治上的显赫地位，是最令人耻辱，最无法忍耐的。

最后，随着古罗马帝国的不断巩固，贵族荣誉最终超越了经济利益。到公元 2 世纪，自由民的优越地位猛然终止。如历史学家理查德・阿尔斯通所述，古罗马之后又出台了一系列歧视性的法律和惯例来“强化不同（社会）阶层之间的界线”。例如，在这一时期，按照贵族的指令，更受尊重的骑士阶层开始代替自由民在民事服务部门担任职务。

但当时，很多自由民及其后代已经成功跻身于古罗马社会的最高阶级。因此，虽然自由民创业者的优越地位自此终结，但古罗马精英阶层的社会甚至种族构成都已经发生了不可逆转的变化。这一社会变化，是古代创业活动所带来的影响最深刻的转变之一。

特殊的创业方式

有历史记载的古罗马首富是一位饱受质疑的房地产投机者。在古罗马从共和制向帝制过渡的过程中，人如其名的克拉苏（Crassus，原意是厚的。——译者注）利用从父亲那里继承的小额财富创造了大笔财富，主要靠的是收购被抵押的房产。按现代说法，被抵押是因为房产所有者出现了财务状况。但克拉苏物色的被抵押房产更符合字面理解——指的是着火的房产[①]。当时，古罗马的很多建筑都是木制的，而木制结构很容易着火。

克拉苏总能带着钱和奴隶出现在着火现场，他的这种本领简直到了可怕的程度。除了着火房屋外，他还会说服相邻房屋的房主最好在火势蔓延开来，整个房屋都被浓烟吞噬之前接受他的报价，然后以市价几分之一的价格，将相邻房屋一同买下来。著名的古希腊语作家普鲁塔克（本身是古罗马公民）在克拉苏死后不久以刻薄的语言描写了这位已故富豪有失公平的房地产投机行为：“在火灾现场直接签合同。”虽然克拉苏的手段饱受争议，但随着时间的推移，大部分古罗马土地都落入了他的手中。

---

① 被抵押房产原文是 distressed property，而 distressed 字面意思是困境中的，故字面理解引申为着火的房产。——译者注

事实上，要想比肩克拉苏当时的经济地位，今天的商人要买下大半个曼哈顿或上海。克拉苏还通过采矿、贸易和其他业务赚取了大量利润——所有业务都需要使用大量奴隶劳动力。他的500多名奴隶中，有些是银匠、抄写员、会计、商业代理，还有些是建筑工人和工程师，专门帮他打理房地产业务。克拉苏是典型的贵族创业者——他们掌握着特权，投机取巧，经营业务时高度依赖奴隶的劳力和智慧。

另外，克拉苏还清楚如何利用自己的财富来提升其政治威望。因为热衷于从商，他从来没有得到过自己追求的尊重。但因为军队的粮草和装备都要钱，所以克拉苏凭借自己的财富成了缔结政治同盟的理想选择。如前文所述，正是克拉苏将军镇压了古罗马最大的奴隶起义。之后，他与另一位雄心勃勃的政治家“庞培”建立了长达数年的执政官同盟，之后更成为罗马帝国恺撒、庞培、克拉苏三人执政团的一员，和庞培还有古罗马历史上最知名的政治家尤利乌斯·恺撒瓜分权力。6年后，这位古罗马历史上的首富在担任叙利亚总督期间，在小亚细亚的一次战役中阵亡。

我们这个时代的全球首富比尔·盖茨是非凡的技术型创业者。这位微软的联合创始人和史蒂夫·乔布斯及另外几人都是美国创新创业精神的化身。从这个层面讲，盖茨和克拉苏形成了鲜明对比。克拉苏是无关创新的古罗马创业精神的典范，他大肆利用贵族特权和奴隶劳动力，没有推动任何技术进步。整个从商生涯中，克拉苏唯一的创新，只体现为他不循惯例的火场谈判策略。

即便如此，古罗马也有自己的创新者。其中最著名的要数希罗，他是公元1世纪初的科学家、发明家和演说家，生活在古罗马时代的埃及。他的突破性成果包括自动力喷泉、风能风琴及世界上第一台投币售卖机。最重要的是，希罗发现了蒸汽机原理，甚至制作了一种利用蒸汽让玻璃球旋转的精巧装置，比英国工业革命早了1 700年。

富有创业意识的英国人在发现了蒸汽动力后（以一位17世纪西班牙发明家的发现为基础），就将其革命性地应用到工业生产上。但按照古典学者斯蒂芬·伯特曼的说法，希罗并没有发现“自己的发明有什么实际用途”。但即便没能将蒸汽动力用于工业，这也“丝毫不影响希罗第一次看到汽转球旋转时的兴奋”。伯特曼写道：“他所感受到的激动，不亚于获胜的古希腊铁饼运动员。这些运动员的胜利也没有什么高尚的意义，只是为了追求卓越并歌颂人类实现卓越的光辉胜利。”大多数受过良好教育的古罗马人受古希腊传统的影响很深，因此在希罗看来，创新的主要目的就是增长知识和改善社会，这与古希腊传统观念是一致的。

和其之前之后的大多数创业文明不同，古罗马人智慧的迸发，并非受利润驱动。实际上，从现代视角来看，人们很难理解为什么如此强大的民族很少发展国内工业，即便这个民族本身掌握着世界上的大部分自然资源和当时最先进的工程技术。当然，古罗马人也利用西班牙和法国的矿山来获利，古罗马帝国的东部行省也生产各种各样的艺术品和食品，但这些都算不上国内的工业。

即便在古罗马帝国的黄金时代（公元96—303年），也就是古罗马贸易的覆盖范围和财务实力都达到巅峰的时期，古罗马的出口仍然疲弱。但古罗马鼓励手工业，一些大量使用奴隶的大型作坊生产大批的餐具、廉价布料和油灯等家庭用品。值得注意的是，作坊主和其他中小型创业者组建了类似行会的组织，称为collegia。到公元3世纪，这一组织的力量开始引起人们的关注。

条条大路远离罗马

在古罗马帝国的最后两个世纪，它因为接连发生的经济危机而摇摇欲坠。和古希腊一样，古罗马帝国的货币也是铸币。从公元3世纪起，随着帝国逐渐失控，开始暴露出严重的货币问题。不同铸币金属的价值的剧烈波动，影响了健康的经济活动。除了货币危机，古罗马帝国繁荣的背后出现了其他一些系统性的危机，这些问题日益激化。

从共和国晚期到帝国初期，社会阶级的可转变性刺激了古罗马人的创业活动——尽管可转变程度有限。但到帝国最后两个世纪，这些转变的可能性几乎不复存在，取而代之的是森严（有时甚至带有压迫性）的社会经济制度。曾经活跃的中间阶层势力弱化，只剩下少数主要的商人，他们通常以行会的方式团结在一起。为了支撑日益飘摇的帝国，古罗马征收高额赋税，除了最富有的古罗马人，其他人甚至会因此而破产。庶民和奴隶联合起来，形成了心怀不满的庞大的社会底层群体。而此时古罗马的精英阶层却进一步加强了对帝国经济的垄断。

随着城市里的就业和创业机会不断缩减，很多古罗马人都搬到了农村。如果有条件，他们会有自己的耕地，但更多的人以佃农的身份在封建地主的土地上劳作，这预示着封建制度的诞生。在后来的中世纪时期，这种社会制度成了经济生活的主旋律，也从一定程度上扼杀了西欧的创业活动。正如德国社会学家及政治经济学家马克斯·韦伯所说："土地是封建制度的核心，而城市才是自由的摇篮。"相应地，随着古罗马的城市经济不断没落，很多城市居民（包括骑士阶层的平民、前奴隶、外国人和贵族）曾经拥有的创业机会都在不断流失。

创业活动东移

公元 364 年，古罗马帝国最终永远性地一分为二，掌握西古罗马帝国的是古罗马，而掌握东古罗马帝国（也称"拜占庭帝国"）的则是君士坦丁堡（今天的伊斯坦布尔）。东古罗马帝国的政治制度虽与西古罗马帝国一致，但以说古希腊语的东正教徒为主的拜占庭文化与古罗马文化差别显著。当西古罗马帝国走入暮年时，东古罗马帝国的政治和经济局势相对好很多，因此拜占庭吸引了很多出色的意大利商人。值得注意的是，东古罗马帝国直到 1453 年才灭亡。随着北欧异族人的渗透，西古罗马帝国早在公元 5 世纪晚期就灭亡了。

不到 100 年后，西亚地区一个叫穆罕默德的男婴降生在一个不富裕的阿拉伯家庭。穆罕默德最开始是一个做大篷车出口贸易的代理人，后来建立了新的宗教和一个像古罗马一样所向披靡的帝国。这位伊斯兰文明的创立者是一个行商，他娶了富商的遗孀，不在乎古罗马人（和古希腊人）对创业活动的蔑视。因此，随着欧洲陷入黑暗时代，西方创业活动的范围和多元化程度都在缩水，而东方的伊斯兰世界却成了不同种族和社会经济背景的创业者的沃土。

A BRIEF HISTORY OF ENTREPRENEURSHIP

第 4 章

伊斯兰创业史

诚实可信的商人，都是由先知、坚守真理者和殉道者养育的。

——《穆罕默德言行录》（伊斯兰口述传统）

游牧民族的土地

阿拉伯半岛包括今天的沙特阿拉伯、波斯湾各国、也门及东部的伊拉克和约旦的部分领土。阿拉伯半岛位于伟大的古代西方文明与盛产畅销香料的印度河谷之间，其战略意义相当重要。很多阿拉伯游牧民族从事贸易活动，经商的大篷车在这里频现。阿拉伯半岛是众多贸易的必经之地，因此波斯、古罗马和拜占庭帝国在各自的巅峰时代，都竭力保障自己在该地区有强大影响力，以确保自己的商业利益。

数百年来，阿拉伯人因巨额的过境贸易而积累了可观的利润。另外，来自更先进社会的影响也从一定程度上带动了阿拉伯半岛的城市发展，让少数人远离游牧生活，过上了相对安稳的日子。贸易是该地区的主要商业形式，因为除了食品和各种其他生活必需品之外，阿拉伯人几乎不事生产。例如，他们的衣物大多靠从叙利亚（当时他们还没有占领这一地区）进口；他们看重的宝剑，则通常来自印度。

除了通过贸易来满足自身需求外，阿拉伯人还为古罗马人、拜占庭人、波斯人、印度人和同时期的其他辉煌文明，提供重要的中介或运输代理服务。值得注意的是，像美索不达米亚商人一样，早在伊斯兰教出现之前，阿拉伯从事大篷车贸易的商人就已经习惯于将风险资本用作运营资金了。他们使用的是一种利润分享合同。

沙特作家及出版人阿卜杜勒·马利克·穆贾希德解释说，利润分享合同规定"利润由双方共享，各方获得的比例按双方协议确定"，"如发生亏损，则由资本所有者承担；但同时创业者也不会获得任何劳动报酬"。换言之，这是一种经典的风投模式，涉及一位被动投资者和一位主动合伙人，通常还有一位行商。这个机制虽然简单，但是它的存在，反映了阿拉伯本土的过境贸易量有多么庞大。

早在穆罕默德的军队征服这一地区之前，阿拉伯大篷车就已经成了这里的风景线，西至今天的黎巴嫩，东至印度，南至今天埃塞俄比亚境内的阿比西尼亚，都是如此。在那一时期从宗教信仰来看，大多数阿拉伯商人都是多神教徒。阿拉伯半岛还有很多基督教和犹太教信徒，两大宗教群体都对半岛的贸易繁荣做出了重要贡献。但在伊斯兰教诞生之前，随着该地区政治日益动荡，商业活动逐渐衰落。尤其在阿拉伯半岛中南部，随着多个王国的解体，这些地区的人们已经重回古代游牧生活和贝都因式的部落制度。

阿拉伯半岛国内的食品生产和城市贸易都已没落，城镇甚至成批消失。但阿拉伯半岛一些相对大型的先进城市存活了下来，其中包括麦加城。麦加与半岛南北边界距离相等，但坐落于半岛西缘，离红海海岸不足 50 英里，地理位置优越，很多商道都经由此处，这里还有繁荣的集市，居民以古莱什商人为主。

宗教与商业的交融

麦加城的克尔白在穆罕默德诞生前很多年就是阿拉伯半岛朝圣者最多的圣地之一。这个立方体建筑现位于麦加城大清真寺的中心，它曾是中东地区最狂热的多神教徒的圣殿，这可能是历史最大的讽刺之一。但根据伊斯兰教义，是始祖亚伯拉罕帮助以赛玛利修建了最初的克尔白圣殿。不管怎样，在伊斯兰教创立之前，这个圣地的主要景观就是 300 多个泥塑神像。对阿拉伯教徒而言，克尔白最吸引他们的是多神教盛景，而不是这座建筑与亚伯拉罕和以赛玛利的联系（当然，当这里成为穆罕默德一神论信仰的重要朝圣地之后，这种联系就变得至关重要了)。

在伊斯兰教诞生前，克尔白吸引了来自阿拉伯半岛各个地区的各派朝圣者，其中很多是有钱的商人。这一重要宗教圣地的存在推动了麦加的经济发展，古莱什部落就是麦加城商业繁荣的主要受益者之一。这个部落的成员自律性强、有抱负，通过贸易、畜牧及各种其他活动（其中包括对“圣城”的管理）在麦加城拥有显赫的地位。作家莱斯利·黑兹尔顿写道：“借助宗教致富不是新鲜事，公元6世纪的古莱什和现代的电视布道者一样敏锐地捕捉到了这一点。”他们“对这座城市进行寡头统治……要想进城，都需要中介安排，通常还要支付一定的费用”。

古莱什部落的创业意识令人赞叹，他们设计了合作机制来保障运营并融资。例如，为保护回报丰厚的麦加贸易，古莱什部落决定加强城市防御，使其免受流匪侵犯。为了达到这一目的，他们与当地的贝都因人合作，因为这个民族拥有传奇的剑术和骑术。最值得注意的是他们采取的合作结构。作为麦加城的守卫者，贝都因人获得的回报不是金银和骆驼，而是古莱什部落麦加城业务的股权。和当今初创公司的创始人一样，这一古代部落精明地利用“没现金，只有股权”的薪酬与激励计划，解决了安保问题。

古莱什部落共有 12 个家族。穆罕默德所在的哈希姆家族坚守部落传统，因将广泛的商业行为和宗教结合起来而著称。作为神圣渗渗泉的看护人，哈希姆家族在麦加城的精神生活中占有重要地位。阿拉伯的多神教长久以来最崇拜的就是太阳神和月亮神。从渗渗泉的倒影中可以看到太阳，因此这里成了该宗教众多太阳神崇拜者的圣地。

除了宗教活动外，哈希姆家族还因商业势力而著称。阿拉伯半岛上有很多家族从事贸易活动。但这个家族不仅参与具体贸易，还为麦加和周边地区搭建贸易关系。夏天，他们的大篷车会满载枣子、马具、毛毯和各种香料与调味品奔赴北部地区（主要是叙利亚），然后带着各种水果、谷物、橄榄油和纺织品回到麦加。冬天，哈希姆家族的大篷车会和也门沙漠地区的商人进行类似的交易。

正如第 3 章所述，为新贸易模式制定战略并从中受益，这种创业追求正是古罗马文化中的“上流社会”避之不及的。但麦加的精英阶层普遍对这种活动采取推崇和鼓励的态度。如果古罗马贵族看到自己的庙宇由创业者管理，一定会惊恐万分，但麦加人认为创业活动和宗教之间并无冲突。这种态度很大程度上在即将诞生的阿拉伯新宗教中保留了下来，这是穆罕默德的部落和家族留下的宝贵财富。

具有创业精神的年轻人

虽然穆罕默德出生在一个商人家庭，但由于亲人早亡，他的童年生活并不富裕，应该说很不安定。穆罕默德于公元570年出生于麦加城。他还没出生，父亲阿卜杜拉就去世了。6年后，贫寒的母亲阿米娜也撒手人寰，将他托付给祖父照顾。祖父在他8岁时离世。从此，他开始由伯父艾布·塔利卜养育（从很多方面看，这段养育关系更接近雇佣关系）。

塔利卜本人成功而自律。他不仅是圣地克尔白的守护者，按历史学家华盛顿·欧文的说法，他还是“古莱什部落最具有创新意识的商人之一”。在穆罕默德重要的青少年和刚成年阶段，塔利卜扮演的是父亲的角色。他丰富的商业和宗教活动影响了侄子的性格和抱负。事实上，穆罕默德的伯父经常带他穿越阿拉伯半岛甚至去更远的地方，完成漫长的商业探险。穆罕默德年纪轻轻就当上了麦加大篷车商队的助手，很多商队的活动范围都越过了半岛。几年后，穆罕默德的另一位伯父佐比尔就是依靠他的帮助才成功完成到也门的远征的。

美国当代房地产投资者克雷格·霍尔提到创业类型的人时说：“如果对方没有欲望，也没有天生的冒险精神，你教不会他如何创业。”这种说法基本正确，但也不能忽略成长期的经历和培训所带来的影响。无论是幼年时濒于贫困的糟糕经历，还是青少年时代长者的教导，这些因素都有助于培养欲望、风险承受能力，以及其他创业成功的必要因素。对穆罕默德而言，其出身和早年的苦难生活，在大篷车商队的经历，以及家庭中长者的教导，都决定了创业精神将在他之后的人生中发挥重要作用。

20 岁时，穆罕默德就已经对经商之道有了深入了解，也知道如何对付竞争对手——和对方谈判。20 年后，他在传播新信仰时也发挥了这些技巧。在青少年时期和刚成年时，穆罕默德除了当过一段时间的牧羊人之外，一直在从事商业活动。欧文写道："随着他年龄增长，穆罕默德受雇于许多不同的人，在商队中担任商业代理，这些经历都能丰富他的视野。"年轻的穆罕默德接触了很多该地区地位显赫的基督教和犹太教商人。

穆罕默德的机遇

穆罕默德 25 岁时，已经成了可靠且经验丰富的商队代理，因此他在麦加城商界积累了一定的声望。不过，虽然雇主愿意让他在商队承担重要责任甚至赋予他决策的权力，穆罕默德还只不过是个代理，不是所有者，甚至连管理者都不是。他经验丰富，却没有积累大量的财富。很快，他就遇到了自己的下一位客户——胡维利德的女儿赫蒂彻，让他的处境发生了改变。

赫蒂彻是麦加一位富商的遗孀，这位富商曾是阿拉伯半岛地区最大商队的经营者之一。赫蒂彻听说穆罕默德的行商经验丰富，就积极地邀请他加入即将出发的叙利亚商队。穆罕默德欣然接受了邀请。返回麦加后，客户对他的工作和他（据说）年轻俊朗的长相都很满意，因此将佣金在事先商定的基础上提高了 1 倍。虽然比穆罕默德年长 15 岁，但赫蒂彻已经决定要嫁给这位年轻的商队代理。

赫蒂彻巧妙地通过奴隶向穆罕默德表达了与他结婚的意愿。除了因为爱情之外，她还考虑了实际问题。赫蒂彻必须打理亡夫留给她的一个巨大的商业帝国，而她既不具备必要的知识，也没有兴趣。她相信精通麦加贸易的穆罕默德能发挥自己的能力和抱负，管理好这份家业。穆罕默德也意识到了这一点，因此毫不迟疑地接受了女雇主的求婚。

穆罕默德的身份陡然提升，这是其他商队代理无法实现的。他利用自己的丰富经验，成了麦加最受尊敬的商界巨贾之一。他经营的商队如此可靠，很多商人都称他为“艾敏”，意思是忠实可靠的人。除了具备诚信和专业度，这位年轻的商界新贵还展现出不俗的营销能力。按照一个面向创业者的协会的解释，“首席执行官是组织的领导者，是讲述组织故事的人，是组织对市场的发言人”。作为这么大一份家业的所有人，穆罕默德非常擅长讲故事。

具有创业精神的布道者

作为麦加成功的商人和顾家的男人，穆罕默德幸福地生活了 15 年。但随着年龄的增长，他越来越喜欢反思，越来越追求精神生活，而他的妻子也支持这一转变。赫蒂彻去世时 63 岁，她是穆罕默德的第一个皈依者，即便他的一神教思想触怒了麦加的传统主义者，赫蒂彻也依然支持他。根据伊斯兰教义，这位创立者于公元 610 年第一次接到了神的旨意。之后的 3 年，神又送来了其他旨意，为独特的阿拉伯一神教信仰奠定了基础。

到公元 613 年，穆罕默德开始公开宣讲这一富有争议的神示。穆罕默德所属的部落古莱什作为主要宗教圣地的管理者和麦加的掌权者，因这一新信仰的某些教义而感到不安。有些讽刺的是，古莱什部落担心这种阿拉伯形式的一神教会削弱麦加作为朝圣地的重要性。他们也担心这位新先知明显有野心推翻现有的宗教秩序并建立以自己为中心的新宗教。事实证明，他们的担忧很有道理。另外，穆罕默德强调仁慈的立场，以及他对特权阶层行为不加掩饰的抨击，吸引了麦加社会的底层阶级，这也让古莱什部落不安。

但从《古兰经》和《穆罕默德言行录》的内容来看，穆罕默德宣讲的主要是一神教，而不是财富的重新分配，澄清这一点很重要。哈里发·欧麦尔称，《古兰经》是由后人根据先知的所有言论汇编而成的，包括“写在枣树叶子、皮革碎片或人们心上的言论”。按照《大英百科全书》的说法，《穆罕默德言行录》接近于伊斯兰教的口述历史，记录了“先知穆罕默德的教义和言辞”，“被奉为宗教法律和道德指引的主要依据”。

《古兰经》第81章写道，有人对财富的渴望超越了精神追求，因为贪婪而罔顾慈善；等到最后审判日到来，“他的财富没有任何用处”。显然，这种信条足以让由富商组成的麦加精英阶层感到恐惧。但这些信条的威慑力远不及《新约》中的某些内容，比如《新约》中说，拥有大量财富的人，无论对慈善抱着怎样的态度，都会被关在天堂大门之外。

尽管穆罕默德厌恶某些麦加富商的行为，但他的话语总能流露出对商业的尊重，前提是这一商业采取“正确的”从商方式。事实上，《古兰经》承载了商人的印记。按照历史学家伯纳德·刘易斯的说法，它“经常使用商业性的比喻和表达方式”。从这个角度讲，由阿拉伯商队运营者创建的伊斯兰文明，和蔑视商业的古罗马及其精英阶层的文明有着显著差异。

需要明确说明的是，据传，穆罕默德在赞同经商行为的同时，鄙视行贿、哄抬物价和放高利贷的行为，反对贷款收取利息。但伊斯兰文明可以通过向非伊斯兰教徒（尤其是基督教徒和犹太教徒）借钱来规避这条戒律；如果利率“合适”，也会向伊斯兰教徒借钱。

例如，公元 623 年，早期的伊斯兰教徒被流放到麦地那。玛丽莲·托尔·奥利弗写道，必要时这些伊斯兰教徒几乎用上了所有生财方式，包括赤裸裸的掠夺："来自麦加的伊斯兰教徒都以经商为业，很难适应麦地那的农耕经济，因此他们急需发掘其他收入来源。袭击途经的麦加富裕商队能带来丰厚的利润，解决了他们的收入问题。"另外，穆罕默德还设计了巧妙的机制来激励并奖励伊斯兰教徒的掠夺行为。罗伯特·斐恩写道，洗劫了海拜尔这个"富裕的犹太殖民地"后，战利品的分配依照"复杂的分享机制"进行，综合考虑了年龄、表现和其他因素。这种机制足以激励掠夺者，"很快，他们从裴德克、瓦迪-古拉和太玛的犹太殖民地抢来了更多的战利品和财宝"。另外，亡国的国民如果拒绝改变信仰，就必须向其伊斯兰教徒统治者缴纳"人头税"（也称吉兹亚税）。吉兹亚税是他们重要的经常性收入。

《中世纪伊斯兰文明百科全书》写道："有别于施行封建制的基督教世界，伊斯兰社会推崇商业。"这就能解释为什么这一时期的创业活动在欧洲几乎销声匿迹，却在中东和不断落入伊斯兰统治的广阔领土上蓬勃发展。

商业和信仰

伊斯兰教的创立者穆罕默德在布道近 20 年后，于公元 632 年去世。在这一相对短暂的时期内，穆罕默德的乌玛（伊斯兰团体）从被流放于麦地那的一群人发展为阿拉伯半岛最大的宗教团体。一系列好战人士继承了穆罕默德的衣钵（这些继承人被称为“哈里发”），成为迅速扩大的伊斯兰世界的领导者：公元633年，哈里发阿布·伯克尔就位不到一年，就指挥军队攻占了阿拉伯半岛东部地区。一年后，阿布·伯克尔的军队第一次作为阿拉伯联合军队出战，在加沙附近的一场战役中击败了拜占庭军队。

取得这一重要胜利后的10年内，崛起的伊斯兰阿拉伯政权攻占了伊拉克全境、伊朗大部分领土、整个黎凡特地区（包括今天的黎巴嫩、叙利亚、以色列和巴勒斯坦地区）、埃及甚至当今利比亚的部分领土。在接下来的几百年间，它整合最初攻占的领地，并不断扩张。最终，伊斯兰世界西起今天的摩洛哥和西班牙，东至印度的印度河，北起今天的亚美尼亚，南至非洲苏丹部分地区。

对于新问世的这支所向披靡的军队而言，伊斯兰教就是他们的“战斗口号”。正如罗宾·温克斯在《文明史》中所述，“他们的动机包括寻求生存空间和战利品的夙愿”。当然，很多为哈里发卖命的年轻战士，是为伊斯兰教信仰和对先知的尊敬而战。但很多伊斯兰教徒，包括新皈依者，在加入新殖民者队伍时都有更实际的考虑，脱勒哈的故事就充分说明了这一点。

战争的回报

脱勒哈的母亲是阿拉伯人，父亲是皈依伊斯兰教的黑人奴隶。忠于信仰的父亲给他取名为脱勒哈，意思是“真主的奴隶”。公元 7 世纪末，脱勒哈带领一支名叫“毁灭之军”的伊斯兰军事力量进行了数次远征，作为伟大的征服者，脱勒哈声名在外。脱勒哈最传奇的胜利，就是于公元 680 年推翻了位于当今乌兹别克斯坦境内的布哈拉王国。但他发财致富，靠的是在伊拉克南部落入穆斯林统治不久后，搬到这一地区从事承包业务。

这位凯旋的穆斯林将军组建的公司自然得到了很多合同，主要是在巴士拉新城修建大型公共浴室。后来，随着信徒攻占了伊朗南部的法尔斯省，脱勒哈毫不顾忌地发了第二笔横财——洗劫了该地区奢华的火神庙遗迹。他沾染了侵略色彩的创业活动足以支持他奢侈的生活方式。脱勒哈的财产包括一处巨大的豪宅和 800 多头在伊拉克南部沼泽地区放牧的水牛。

这样的财富并不罕见，对那些与新帝国的统治者关系深厚的人士而言更是如此。当时，哈里发由倭马亚家族成员担任，这个显赫的经商家族来自拥有传奇商业势力的麦加古莱什部落。穆罕默德临死前指派这样一个从商的家族担任最高行政职位并成为伊斯兰世界的决策者，这样的事实足以说明问题。

世界的交叉路口

尤其在伊斯兰教扩张初期，脱勒哈所利用的致富机会都围绕着战利品而存在。到公元 7 世纪末，柏柏尔人（其疆土包括今天阿尔及利亚的地中海沿海地区和突尼斯部分领土）女王卡希姗被向西扩张的阿拉伯穆斯林征服。正如英国历史学家爱德华·吉本所述，卡希姗对敌人的谴责很能说明问题。她说："我们的城市和金银最终引来了阿拉伯人的军队。这些低贱的金属并不是我们想要的，我们只要拥有土地给予的简单的馈赠就满足了。"

显然，一些被征服者认为，这些来自阿拉伯半岛的宗教使者怀有世俗的目的，他们的意图并不高尚。按照这些人的说法，至少某些侵略者肯定带有强烈的物质目标。阿拉伯将军阿姆鲁·伊本·阿斯在给阿拉伯半岛的长官写信时被要求描述刚纳入帝国版图的埃及亚历山大港，他写道："我已经占领了这座城市，我先简要描述一下这里的情况。只能说，我从那里缴获了 4 000 所别墅、4 000 个浴室、40 000 名缴纳人头税的犹太人以及 400 处可供国王玩乐的宫殿。"

伊斯兰文明的奴隶制

和古罗马帝国扩张时期一样，早期伊斯兰文明也将掠夺物质和人口、任人唯亲和对属国征税作为常用的致富之路。因此，哈里发自然和古罗马贵族一样对奴隶制怀有热情。但伊斯兰世界的奴隶大多来自非洲，这一点和古罗马奴隶有所不同。古罗马人有大量来自欧洲和西亚的奴隶（叙利亚人、美索不达米亚人、腓尼基人等），但很少使用黑奴。而信奉伊斯兰教的阿拉伯人则是率先系统性地奴役大量非洲黑人的一种非黑人文明。

当然，腓尼基人和古埃及人都曾使用黑奴，伊斯兰教诞生前的阿拉伯人也是如此。但在古代，黑奴贸易就好像其他“异域商品”贸易一样，不仅供应有限，客户基础也主要集中于社会富有阶层。虽然以 21 世纪的视角来看这有些残忍，但黑奴经常被当作奢侈品高价出售给埃及法老或波斯总督。因此，这一时期的奴隶贸易市场受众群体很小。

随着穆斯林从非洲大陆的北部和东部入手，向非洲深处推进侵略和商业活动，阿拉伯商人比之前的外来文明更广泛、更直接地接触到了非洲黑人部落。大量具有创业意识的阿拉伯穆斯林开始购买奴隶以供自用或转售给其他阿拉伯人（第二种情形更常见）。他们会采用各种诱骗的方式，包括用阿拉伯甜枣拐骗黑人部落的小男孩。甚至有时候，这些黑人部落的成员可能会明目张胆地主动将邻居的孩子卖给外来的奴隶贩子。

被穆斯林征服的很多属民都得到了仁慈的对待，尤其是那些“圣书的子民”（《古兰经》用这一称谓来指代基督教徒、犹太教徒和塞巴人，其中塞巴人是同时代另一亚伯拉罕宗教的教徒)，澄清这一点很重要。只要这些属民缴纳人头税，就可以延续之前的宗教信仰。事实上，一些说阿拉伯语的基督教徒、犹太教徒和琐罗亚斯德教徒在伊斯兰教的统治下生活得很体面，甚至还建功立业。但像撒哈拉以南非洲原住民这样的非穆斯林因文化落后而受到鄙视，他们的宗教被判定是“原始的”。此外，他们的肤色也是他们不被尊重的原因之一。

公平地说，在伊斯兰教中很难找到种族歧视的痕迹。从这个角度讲，伊斯兰教教义带有高度的平等主义。但和之前的腓尼基人及几个世纪后买卖奴隶的欧洲人一样，一些阿拉伯穆斯林，尤其是那些参与奴隶贸易的穆斯林，很难平等地看待黑人。17 世纪的一位阿拉伯穆斯林诗人写道：“他们是努比亚黑人的子民，他们的肤色没有一点儿光彩。”很多奴隶贩子认为，将来自黑人部落的自由人抢夺来，使其加入到伊斯兰世界并加以奴役是一种教化方式，因此贩奴是“神圣的行为”。

可以确定的是，贩奴绝对是利润丰厚的行为，因为当时的社会对奴隶的需求量很大。和其他伟大的古文明一样，伊斯兰文明的政治与军事精英也大量使用奴隶劳动力。例如，公元 10 世纪初期的一位穆斯林统治者拥有的奴隶数量令人吃惊。哈里发穆格台迪尔于公元 908 年至 932 年在位，他在巴格达的巨大宫殿里有 11 000 名男奴，其中包括苏丹人和古希腊人。

整体而言，虽然奴隶并不是伊斯兰世界的主要劳动力来源（与古罗马不同），但他们通常在矿山干活，参加沼泽排水工程，或者在穆斯林商船上当水手。另外，以中上阶层为主的阿拉伯穆斯林商人经常购买黑奴到私人庄园耕作。当时的奴隶供应量如此巨大，以至于多个社会阶层都能养得起奴隶，其中包括没有皇家或贵族血统的普通人，这一现象在人类历史上还是第一次。

从很多方面看，阿拉伯的黑奴制度形式为几百年后的欧洲人树立了样本。来自西欧强国的创业者怀揣抱负，使用黑奴在新世界的庄园上劳动（但和这些欧洲人不同，阿拉伯奴隶主经常阉割自己的黑奴）。阿拉伯奴隶贩子的直接目的是求财，同时也带有一种家长式的虔诚。但他们的活动所产生的长远影响，远远超出他们的想象，影响了世界历史尤其是西方历史的轨迹，虽然这些影响饱受争议。

当然，他们的活动也改变了非洲的人口构成。如今北非的阿拉伯后裔超过95%是伊斯兰教徒，撒哈拉以南非洲伊斯兰教徒的比例接近40%。造成这一局面的原因之一，就是阿拉伯商人执着地寻找奴隶、黄金和其他珍贵的非洲物资。实际上，阿拉伯商人对开发新市场的不懈追求，给整个世界留下了印记。

当然，包括中东、北非、西班牙甚至中亚部分地区在内的伊斯兰世界的核心地带，都是通过军事侵略获取的，其中大多数是出于商业考虑。例如，之所以攻占之前信奉佛教的部分中亚地区（如今天的阿富汗、塔吉克斯坦等），是为了控制通往东方国家的陆上商道，以获得丰厚的利润。

虽然印度次大陆部分地区（包括今天的孟加拉、印度和巴基斯坦）改信伊斯兰教的历史可以追溯到穆斯林侵略时期，但东亚地区的皈依者，主要是受到了寻求新市场和贸易物资的中东商人的影响。如今，东南亚的印度尼西亚也有人数众多的伊斯兰教徒。在位于远东的中国，穆斯林商人开始在这里从事商业活动的时间比马可·波罗早了500年，而中国少数民族中的穆斯林人口差不多有2 500万人，数量相当庞大。

商业帝国的形成

在伊斯兰教开始传播前的几个世纪，阿拉伯商队一直是连接国际贸易的纽带。但随着伊斯兰军队夺取了曾经属于古罗马、波斯和拜占庭帝国的大部分领土，阿拉伯人在国际商业中扮演的角色，从运输代理升级为指挥者。和古罗马人不同，阿拉伯人一直都推崇创业活动，四处寻找生财的机会。

值得注意的是，在倭马亚王朝以及之后的阿拔斯王朝（750—1258年）的大部分时期，哈里发的管理方式非常接近现代跨国公司。包括军事决策在内的众多决策，都以利润最大化为唯一依据。这样的政治环境支持创业活动蓬勃发展。当时，伊斯兰人口已经攫取了大量领土，因此对雄心勃勃的阿拉伯人而言，机会已经从掠夺战利品转向更持久的商业形式。到公元 9 世纪，他们的贸易网络几乎覆盖了全世界，而阿拉伯文明就位于这个网络的中心节点，掌控着全球最伟大的商业势力。

由阿拉伯人创立的伊斯兰文明自然推崇贸易。但随着伊斯兰文明在其臣服国（包括起初并不属于阿拉伯领土的叙利亚、伊拉克、北非等地）扎根，阿拉伯人的创业活动也日益多样化和复杂化，逐渐扩展到其他领域。因此，阿拉伯人除了在传统贸易中担任连通终端买方和卖方之间的中介外，还开启了一种多层面的商业形式。和腓尼基人类似，随着影响力不断上升，一些阿拉伯创业者不再局限于传统贸易，而是开始扮演传播者、生产者和金融家的角色，他们在金融领域的发展远胜腓尼基人。

知识与商品的传播者

作家乔恩·利特曼说：“这里是文化、产业和思想交会的肥沃温床。”利特曼先生在 2013 年接受《福布斯》采访时讲的这句话，指的是旧金山湾区，更具体地说是指 21 世纪初期由 Facebook、谷歌和其他硅谷巨头所主导的科技环境。但他的这一描述同样适用于巴格达、大马士革或其他从公元 8 世纪到 13 世纪一直作为伊斯兰商业中心的众多其他城市。

伊斯兰文明成为重要的传播者具有必然性。毕竟，这个文明向西征服了西班牙，向东控制了丝绸之路——这条充满传奇色彩的通往中国的陆上贸易线。在北欧的瑞典和斯堪的纳维亚半岛其他地区都发现了大量7世纪到11世纪的阿拉伯铸币，这一重大发现印证了伊斯兰文明在其商业巅峰时期的经济实力和影响范围。向南，他们和撒哈拉以南非洲地区的贸易量是前所未有的，无论是奴隶，还是黄金、可可豆及其他商品的贸易。

伊斯兰文明与世界各地的密切互动，使其成为伟大的传播者，他们与讲古希腊语的拜占庭帝国交往广泛，他们不仅传播了古希腊的科学知识，有时还推动其进一步发展。例如，在医学领域，穆斯林的“医学知识超越了古希腊大师的著作”，历史学家罗宾·温克斯总结说：“例如，他们针对眼疾、天花和麻疹的专著，在18世纪之前一直都是相关领域的权威著作。”

阿拉伯人传播的科学和数学成果也令人瞩目。例如，阿拉伯数字体系源于印度，由阿拉伯商人向西方传播，之后被全世界采纳。阿拉伯人自己在对数学领域做出了重大贡献，其中包括在代数（algebra）领域取得的众多重要突破。algebra是拉丁文，源于阿拉伯语al-jabr，意思是“将碎片重新整合”。伊斯兰文明还是许多产品的传播者，在此基础上衍生出了多个全球产业，其中一些至今仍有巨大的经济影响力。其中纸和咖啡，都是早期伊斯兰商业影响最大、最持久的产品。

纸

古代中国早在公元 2 世纪就开始使用纸。公元 751 年，阿拉伯人击败了出使中亚地区的中国使团，幸存下来的中国人被带到临近的撒马尔罕（位于今天的乌兹别克斯坦境内，当时已被穆斯林统治）。俘虏中恰好有几个经验丰富的造纸工匠，他们的手艺引起了阿拉伯人的关注。11 世纪的一位阿拉伯作家观察并记录了这一点：“中国人发明的纸看起来比莎草纸和羊皮更好，更柔软，更易于操作，也更便于书写。”正是这个原因，穆斯林急于掌握这门技术并发展自己的造纸业。

在这些中国专家的指导下，穆斯林的造纸业于公元 8 世纪中期诞生于撒马尔罕。这门“新”产业很快传到巴格达，也就是哈里发政权中心所在地。到公元 8 世纪末，这座城市已经建立了第一个造纸厂。纸厂建得很及时，因为哈里发政权和其他管理机构用于书写政府文件的羊皮存量很少。后来，纸张和造纸技术从巴格达传遍伊斯兰文明各地。刘易斯写道：“（纸张）推动并鼓励交流和记录，让商业、银行业及官僚行政都达到新的成熟和复杂程度。”

到公元 10 世纪末，除了撒马尔罕和巴格达外，大马士革、太巴列、哈马、的黎波里、开罗、非斯甚至西班牙的巴伦西亚，都设立了造纸厂。事实上，造纸术正是由居住在西班牙的穆斯林在 12 世纪传播到信奉基督教的欧洲的。虽然造纸术源于中国，但伊斯兰文明在发挥巨大的传播作用的同时，也提升了造纸工艺。例如，阿拉伯人使用之前用来染布的各种染料来增强纸张与文字的对比度。当然，15 世纪活字印刷诞生后，基督教世界也为传播这项中国发明并进一步提升其价值做出了贡献。

咖啡

17 世纪英国商人、作家托马斯·泰伦写道："咖啡，是醉鬼的醒酒药，是愚人的消遣。他们十分推崇这种产于亚洲的产品，当听说咖啡豆产于阿拉伯半岛的沙漠时，他们喜出望外。"阿拉伯半岛种植咖啡豆的历史接近 1 000 年。和纸的发明一样，将咖啡作为提神饮品的做法，也源自一个偏远的贸易伙伴。

传说在公元 8 世纪，东非一个叫卡尔迪的牧羊人发现羊群在食用了一种红色的浆果后，会变得兴奋、活泼。这些野生浆果生长于卡法（位于今天的埃塞俄比亚西南部），所以这种饮料可能正是因其产地而得名。卡尔迪发现这种浆果对人也有同样的作用后，关于咖啡的消息开始流传开来。到公元 10 世纪，这种浆果已经成为埃塞俄比亚部落普遍食用的提神品。来自这些部落的人在旅途中会咀嚼包裹了浆果的动物脂肪球，或者将浆果浸泡在冷水中，使其味道扩散开来，制成茶一样的饮品。

到公元 10 世纪末，咖啡已经传到了阿拉伯半岛。当时，善于传播的阿拉伯人已经建立了贸易渠道，他们将这种产自国外的作物持续进口到国内，并开始尝试提升这种饮品的吸引力。值得注意的是，和东非人的食用方式不同，阿拉伯人将生咖啡豆碾碎后再放到沸水里煮。随着时间的推移，他们开始先烘焙、研磨再水煮，加工好的饮品接近于今天盛行的热咖啡。

因为伊斯兰教严禁饮酒、售酒，因此他们对这种口感好又温和的提神饮料很感兴趣——民众渴望品尝这种饮品，而阿拉伯商人则急于通过销售咖啡而牟利。咖啡被当作伊斯兰教允许的酒精替代品，很多在麦加逗留期间接触到这种提神饮料的阿拉伯或其他国家的穆斯林朝圣者称其为“阿拉伯酒”。参与阿拉伯半岛早期咖啡产业的商人们小心地守护着咖啡整个制作过程的秘密，希望能继续垄断这一新贸易的全部利润。

到 13 世纪中期，咖啡屋遍布阿拉伯半岛和伊斯兰世界其他地区。很快，阿拉伯人就开始在阿拉伯半岛的红海沿岸（今天的也门）种植咖啡，从而减轻了其对东非种植者的依赖。1453 年，奥斯曼帝国攻占君士坦丁堡并彻底瓦解了拜占庭帝国，咖啡开始在整个奥斯曼帝国流行起来，不仅在土耳其，还包括被奥斯曼统治的信奉基督教的巴尔干半岛。

同时，随着威尼斯商人从北非和中东地区的阿拉伯商人那里进口这种外来豆子，咖啡开始稳步渗入整个意大利地区。咖啡对阿拉伯商人而言已经成了一种利润丰厚的经济作物，在今天对世界很多发展中国家来说依然如此。咖啡出口业的规模预计已经达到 200 亿美元，而包括零售在内的所有与咖啡相关的产业的年销售额已超过 1 000 亿美元。

生产者

在伊斯兰世界的黄金时代（按普遍观点于公元 9 世纪开始，到 13 世纪中期巴格达陷落结束），阿拉伯商人和先前富有创业精神的腓尼基商人一样，也开始进入生产环节，以获得更多利润。毕竟，伊斯兰文明比先前任何一种文明都更容易获得更广泛的原材料。由穆斯林控制的领土能供应珍贵的原材料，包括铜、黄金、红宝石、大理石、硫黄、铅、沥青、盐、大米、柑橘、甘蔗、甜枣和各种浆果等。对于那些无法从内部获取的商品，阿拉伯人会控制通往产地的贸易路线，这些商品包括印度香料和巴尔干皮草等外来奢侈品。

因此，作为伊斯兰文明的创始人和主人，阿拉伯人要超越连通产品制造国的中介这一传统角色，通过加强生产来推动贸易天平进一步向自己倾斜，此时正好是一个好机会。阿拉伯商人与工匠、工人一起，共同发展了几项民族产业，其中最成功、最持久的是纺织业。这一产业始于公元 8 世纪，在之后的 300 年中不断壮大，无论从产量还是从整体从业人员数量来看，都是伊斯兰世界规模最大的产业。

无论从服装类型和布料，还是从室内装潢、垫子、毯子等具体品种来看，伊斯兰文明在当时都没有对手。大小纺织厂蓬勃发展，在满足国内巨大需求的同时，还出口部分产品。这一产业需要调动几乎整个伊斯兰世界的资源，包括来自当今伊朗的丝绸、中亚最好的毛料、西班牙的棉花，以及产自埃及的亚麻。

除了纺织品外，伊斯兰世界生产的其他成品包括家具、肥皂、厨具、精制糖、陶器、香料、珠宝、玻璃制品、武器和其他形式的金属制品。刘易斯描述了在西班牙的伊斯兰小镇中的各种工业场景，从中可以看出伊斯兰工业的发达程度及其持久影响：

> 科尔多瓦、马拉加和阿尔梅里亚出产的羊毛和丝绸，马拉加和巴伦西亚的陶器，科尔多瓦和托莱多的武器，科尔多瓦的皮革，贝扎和卡尔塞纳的毛毯，哈提瓦和巴伦西亚的纸张……和伊斯兰领地的任何其他地方一样，纺织品是核心产业。

金　融

伊斯兰商业的发展，不仅体现在前所未有的贸易量和生产量上，还伴随着服务业的不断扩张。两者都呼唤更成熟的金融体系，这也为善于理财的创业者创造了一个新的机会领域——银行服务。早在公元9世纪，伊斯兰文明就已经诞生了商业银行。伊斯兰世界一直通过向基督教徒和犹太教徒借钱的方式规避《可兰经》禁止的高利贷活动。因此，当需要建立一个伊斯兰银行体系时，基督教徒和犹太教徒成为主要的“建构师”，其中前者作用更大。

商业银行网络可提供高度协作的多元化服务，其中最常见的服务就是货币兑换。因为伊斯兰文明并未统一货币体系，不同地区的铸币不同，所以这种服务必不可少。银行还提供各种资金服务，包括商人贷款及哈瓦拉（类似汇票）、萨卡（类似缴款通知书）和suftaja（类似现代银行本票）等信用工具。

健全的银行系统不仅能为创业开辟新渠道（尤其对非穆斯林而言），同时还能推动整个社会创业活动的发展。例如，在巴士拉开具的suftaja，可以在阿尔及尔或伊斯兰世界几乎任何地区按面值兑换。这种精简的国际银行体系促进了涉及长途交付的任何创业、交易或其他活动的发展。最重要的是，面向商人的信用贷款，至今仍是创业活动的重要润滑剂。

新月没落

虽然创业活动在伊斯兰的黄金时代蓬勃发展，但其商业法律和传统确实存在一些问题——随着欧洲在未来几个世纪赶超伊斯兰文明，这些问题变得愈发明显。例如，虽然阿拉伯人和其他穆斯林使用利润分享协议，但这些消极股权合作框架涉及的投资数额较小，而且期限往往只有几个月，也就是商队一次远征的时间。

伊斯兰教法中没有公司的概念。正如第默尔·库兰在《长期分歧：伊斯兰教法如何拖累中东发展》一书中所述，这一概念的缺失阻碍了伊斯兰文明像欧洲及其新世界后裔一样开展大型创业活动。另外，虽然伊斯兰世界也做出了重要的科学贡献，但其创业活动的创新程度不及腓尼基人、中世纪的中国人和包括工业时代的英国在内的后续文明。但无论怎样，与新信仰创立紧密联系的伊斯兰创业活动，具有高度扩张性、多层面性和投机性，是推动伊斯兰文明在其黄金时代达到前所未有的规模和影响力的首要因素。

大多数学者认为伊斯兰黄金时代结束于 1258 年，也就是蒙古侵略者夺取并摧毁巴格达城的这一年。虽然在此之后伊斯兰世界也曾成功实现领土扩张（如穆斯林攻占君士坦丁堡），但也经历了几次惨败。事实上，在接下来的几个世纪，无论从军事、商业还是科技层面来看，信奉基督教的欧洲都一直处于优势地位，而伊斯兰文明则在不断削弱分化。

但这些后续发展无法磨灭伊斯兰文明创业活动在黄金时代所达到的惊人成就。从公元 7 世纪伊斯兰教创立，一直到公元 9 世纪至

13世纪中期的黄金时代，伊斯兰文明创业活动的强度和多元化程度，是整个欧洲、非洲和西亚地区无法企及的。但同时期的东方，有一个文明的创业活力可以与伊斯兰文明比肩，它就是唐宋时期的中国，也是我们接下来要讲的内容。

第5章

唐宋时期的中国商业

“借钱给没有资本的人，让他们从事农耕。”

——叶适（也称水心先生）

回顾人类早期创业史，大多数重要的发展都发生在中东和地中海地区。但到了中世纪，中国文明的商业发展不仅可以比肩上述地区，在某些层面甚至领先于伊斯兰世界和信奉基督教的欧洲。著名的威尼斯商人与探险家马可·波罗在游记中表示，他对南宋都城临安的发展惊叹不已。

马可·波罗写道：“（那里）商人的数量和他们的富裕程度，以及经手的货物规模都非常惊人，让人难以估量。”他继续写道：“这个城市各个行业的规模都如此巨大，因此君主每年的收入多得难以精确统计，听闻者会觉得难以置信。”根据历史学界的共识，宋朝始于公元 960 年，到公元 1279 年灭亡，正好马可 · 波罗在宋朝将要灭亡的前几年来到中国，他有幸在这座传说中的中国“天城”没落之前一睹宋末时期的风采。

唐代中后期和宋代，中国的商业经历了高速发展和繁荣，这段兴盛期在中国历史乃至世界历史上都前所未有。马可 · 波罗在 13 世纪末开启东方之行之前，已经领略了欧洲和拜占庭帝国的风貌。他在到达临安之前曾途经包括黎凡特、波斯和中亚等地在内的伊斯兰世界大部分地区。

马可 · 波罗曾经周游世界，他可能是到访中国的第一个欧洲人，因此最有资格来评判宋朝都城的商业活力。他在目睹临安的商业规模之后的反应，足以说明一切。宋代时期的中国无疑是创业型社会的典范。自古代腓尼基人以来，没有任何一个文明将物质和人力资源如此高效地投入创业活动。正是由于这个原因，本章才将宋朝作为中心主题。但鉴于宋代创业活动的支柱因素，部分承袭于之前的唐朝，因此本章的研究对象也包括唐朝，尤其是唐朝末年。

中国的统一

唐朝初年，大多数中国人都在农村以务农为生。和公元 7 世纪的欧洲一样，这一时期的中国劳动力也以农民为主。但在城镇里也有一些工匠、商人、专业人士和学者。这个社会金字塔的顶层是皇帝和地主等贵族阶层。劳役的存在说明皇权和贵族特权的行使有时伴随着压迫。但无论如何，当时中国的法制系统还是相对人性化的。另外，从种族和宗教包容度来讲，唐朝时代的中国可算世界上多元化程度最高的国度之一。

唐朝的第一位皇帝于公元 618 年登基。当时中国已经发明了丝绸、瓷器、纸张和省力的独轮车。从公元前 2 世纪末开始，中国成为国际商人争相前往的目的地。当时，随着古罗马的东扩和中国汉朝政权的西扩，一系列陆上商道出现，也就是著名的“丝绸之路”。在接下来的几个世纪，这些陆上商道一直是中国通往西方的门户。

公元前 220 年，汉朝分裂为三个政权，这种分裂局面一直持续到公元 6 世纪末隋朝统一中国才结束。但隋朝只持续了 36 年，共两位皇帝在位。因此，这个朝代没时间将领土统一的优势发挥出来。这份历史重担就落在了唐朝的肩上。唐朝前后近 300 年，共有 22 位皇帝在位。这个重要的朝代见证了一系列重大改变，记录了中国如何从一个地区性商业大国发展为全球性商业强国，并为宋代的辉煌奠定基础。

唐　初

唐初新建了很多军事基地以巩固国防，国防线西至今天的阿富汗。这一策略旨在扩大中国的影响力、震慑侵略者、沿丝绸之路进一步发展贸易。唐初统治者在这三方面很成功。这个刚统一的新政权为了维护安定与团结，在中国国内建立了森严的内部制度。这种对秩序的强调甚至到了严苛的程度，因此可能从一定程度上限制了商业活动。例如，在这一时期，朝廷命令对特定地区的交易活动仅限于出售食品、饮料和娱乐产品。

尽管存在这种独裁主义和官僚主义的倾向，唐初的统治者确实在积极解决百姓的生计问题。唐初有近 5 000 万人口（占当时全球总人口数的近 1/4），人民的温饱问题就是一个很大的挑战。为解决这个问题，唐初统治者对中国经济生活的几乎全部方面都进行了深入改革，目的是鼓励广大农民、手工艺者和商人都能积极从事商业活动。

根据历史学家戴福士和约翰·梅杰的说法，唐朝土地改革“鼓励投资者将资金和劳动力用于在长江流域开垦更多良田”。“唐朝的政策也有利于城市劳动力，因为贸易增长能为商人和手工艺者创造更多就业机会”。实际上，唐初的经济发展范围广泛。古代中国商业的三大支柱——农业、手工业/制造业、贸易——都在这一时期取得了长足的发展。

民间创业是推动商业快速发展的主要力量。民间商人除了加大农业投资外，也大力发展在丝绸、纸张和陶瓷等出口品的生产。另外，随着唐朝的地缘政治地位不断提升，中国在各条商道上的贸易额都有所增长。除了通向西方的丝绸之路外，唐代中国和亚洲其他地区（尤其是缅甸和印度次大陆）之间的贸易量也很可观。

大量创业者涌入中国，寻求开拓小众商品和新商道，这一投机浪潮的狂热程度和加利福尼亚州的淘金热不相上下。尤其是丝绸之路上的贸易，很多投机者都是外国人，大多来自阿拉伯地区。正是由于这个原因，正如历史学家贺凯所述，唐代的长安“无疑是全世界人口最稠密、最全球化、最耀眼的城市”。

很多具有创业精神的中国人急于从途经中国的利润丰厚的贸易中分一杯羹。另外，和阿拉伯创业者一样，即便在唐朝，资金不足的创业者也经常能从被动投资①者那里获得资金。唐初时，创业的融资安排通常采取两人合伙的形式。事实上，“合本”（股份制）的根源，可以追溯到公元 3 世纪；而合伙人联盟（两名管理者共同对生意出资）一直都是中国商业的主要结构，唐之前的投资者倾向于在他们投资的生意中担任某些形式的管理职务。

但在唐朝末年，尤其是宋朝，投资重点不断向被动投资转移。另外，在这一时期，中国创业者开始不满于传统两人投资结构的局限。因此，中国式股份制安排的概念不断扩展，无论是规模还是复

① 被动投资（passive investment）是指通过限制买卖的数量从而着眼于长期的回报最大化，这种投资不是为了在短期内挣很多钱，而是为了获得长期、稳定的财富。——译者注

杂程度，都足以支撑一些大型创业活动。宋代创业资本的扩张，明显延续了唐朝的发展。

飞钱的诞生

茶商是唐代表现最活跃的中国创业者。自公元 4 世纪开始，茶叶就开始在中国南方普及。到公元 8 世纪，饮茶已经成为全体民众的休闲活动。另外，受中国影响，饮茶习惯也逐渐传播到包括日本和韩国在内的亚洲其他国家。因此，对原产于中国西南地区的茶叶的需求迅速增长，推动了茶叶贸易从地区性产业升级为国际化产业。

随着茶叶贸易日渐繁荣，茶商开始厌倦随身携带大袋的铸币，从种植者那里进货就要搬运大量铸币，商队归程时带回的铸币更多。幸运的是，在公元 9 世纪初，中国四川地区一些相对具有创新意识的茶商发明了更高效的财富转移方式。正如法国历史学家谢和耐所述，唐代茶商“在发明信用转移新方法的过程中发挥了重要作用”。

作为纸的发明地，在纸币出现之前，中国人使用纸已经有几个世纪。中国创业者在唐朝开始使用纸质的信用凭证，这些代表一定金额的纸质信用凭证通常可以自由等值兑换。茶商在唐朝都城长安卖出茶叶后，会收到纸质凭证。他们回到南方后，这些纸质凭证可以在任何省份兑换既定数额的铸币。纸币轻便，尤其是和铜币相比，因此得名“飞钱”。

这一伟大创新推动了茶叶贸易蓬勃发展，并在公元 9 世纪末普及到四川地区的其他行业。另外，有些时候，飞钱的功能已经从单纯的借据转化为类似存款凭证的工具。但直到一个多世纪后，飞钱才被中国官方承认。因此，这种信用货币的利弊到了宋朝才逐渐显现出来。宋朝的中国官员基于纸质信用凭证原则建立了全国性的货币系统。

晚　唐

唐朝的达官显贵不仅享受皇粮，而且免交全部税赋。另外，唐朝的税收系统向大地主倾斜。这种赤裸裸的不平等不仅让小地主心怀不满，甚至会从某种程度上打压众多普通农民的农业创业活动。也许只有反抗才能迫使唐朝官员重新审视这些具有争议的政策。

从公元 755 年到公元 763 年，中国陷入了内战，史称“安史之乱”。安禄山试图带领他的追随者建立一个与唐朝分庭抗礼的王朝。虽然这次内乱最终以唐朝政权的胜利而告终，但平乱后，唐朝官员颁布了一系列改革措施，其中有些措施的目的就是减轻小农户的税赋。在这些改革的作用下，再加上晚唐时期国内外对农产品的需求日益增加，农业领域的创业活动日渐活跃。

地主根据当地的气候，集中资源种植最畅销的几种作物。现代世界的集团化农业企业将这种策略视为标准做法，但在公元 9 世纪之前，大多数中国农民都不会将自己定义为商人，而是守着自己的几亩薄田养家糊口。对他们而言，务农的目的并不是致富。事实上，在唐朝，农业成为一个非常赚钱的行业，以至于中国的创业者不会浪费任何一点作物。美国历史学家鲁威仪在有关唐朝的专著《中国世界性帝国》中写道，在这个时期，甚至人粪都成了“重要生意，开始有创业者专门从事在城市收粪到农村卖的营生”。

晚唐时期的农业改革是唐朝整体商业自由化政策的重要组成部分。作为唐朝都城和商业中心，长安的变化尤其明显。早唐时期颁布了严格的区域划分法，到公元 830 年，朝廷放松了与店铺选址有关的法规，以鼓励更多商业活动。因此，整个城市涌现出更多零售行业的创业机会，尤其在一些专门的商业区，如珠宝区、布料区、乐器区等。但零售门店数量的增长不受监管，其中一些店铺甚至占用街道，妨碍交通，很多长安居民都对此颇有微词。

在唐朝末年，随着投资资金更容易获得，中国贸易的重点从奢侈品逐渐转向基础商品，成功的贸易创业者的社会层级构成，是中国社会的缩影。出身卑微但上进的平民通过创业实现了前所未有的社会阶层流动，尽管这个社会在很大程度上仍在抗拒这种变化。

虽然政府采取了一系列的重要改革，但唐朝仍饱受官场腐败和其他制度性问题的侵蚀。在公元 9 世纪晚期，这些问题所积压的怨恨情绪，最终爆发为大规模的农民起义。这场起义从公元 874 年一直持续到公元 884 年，以唐僖宗重掌大权而告终。这场漫长而血腥的起义造成数百万人丧生。虽然最终成功平叛，但唐朝也元气大伤，整个政权的根基被动摇。公元 907 年，唐朝最后一位皇帝去世，唐朝灭亡。

唐朝的灭亡揭开了“五代十国”的序幕。《中国历代帝王》一书的作者安・保吕丹说，这是“整个中国历史上最黑暗的一段时期”。五代十国前后共 53 年，直到宋朝建立才结束了这种动荡不安的局面。宋朝时期的中国重回唐朝设定的轨迹，从创业层面看尤其如此。鲁威仪恰当地称其为“精英管理精神的崛起”。

宋 朝

公元 960 年，一位有谋略的军事将领赵匡胤发动军事政变，建立了宋朝。虽然这个新朝代以军事政变建立，但按照现代中国的观点，从几乎全部社会层面看宋朝都是中国历史上的黄金时代，唯独军事方面除外，这种对比有点儿讽刺。事实上，普遍观点认为，北宋和南宋灭亡的原因，就是忽略了国防这一重要的治国层面。

1126 年，定都开封的北宋被金国所灭，南宋建立，并迁都南方城市临安，标志着两大历史时期的划分。这两个时期都和本章的讨论内容相关，因为它们都见证了活跃的商业活动和包括商业在内的各行业的创新活力。

发明型社会

彼得·德鲁克曾赞美“创业型社会”的优点，认为在创业型社会中，“创新和创业活动是正常的、稳定的、持续的”。宋代中国比同时期的伊斯兰文明更能代表这种社会。提到创新，宋朝的科技进步对推动中国在这一时期发展成全球商业强国做出了重大贡献。其中最著名的技术进步就是指南针的发明和船舶设计的重大改良。

宋朝的大船能承载上千吨的货物，这种运力是前所未有的，历经了多次试验，凝聚了卓越的工程成就。这些船尺寸大，行驶速度快，再加上指南针首次应用于航海，原本默默无闻的中国航海商人开始经常出入东南亚、印度次大陆甚至东非的港口。事实上，和巅峰时期的腓尼基一样，宋代中国的海上贸易领先世界。

在这一时期，因为中国和不断东扩的伊斯兰世界之间关系紧张，久负盛名的丝绸之路（中国的丝绸和其他商品经由这个陆上商道运往西亚和欧洲）一度关闭。在传统陆上贸易渠道遭遇困境的背景下，宋朝新发掘的海上力量成了不可估量的战略资产。中国曾经只是一个农业大国，但到这一时期已经凭借先进的航海技术建立了一支当时任何国家都无法比肩的商业船队。

宋朝其他著名的发明还包括运河闸门（发明于 984 年）、火药（发明于 1044 年）、活字印刷术（发明于 1045 年）、机械钟（发明于

1092年）和纸牌（发明于1122年）。提到活字印刷术，宋代中国是世界上第一个拥有印刷图书的国家，这和中国人拥有的过人智慧也相当匹配。同时，中国并未动摇自己的农业根基，农业仍是社会的基础性支柱产业之一。和大多数其他行业一样，发明创造也给宋朝的农业带来了革命性变革。到10世纪末，中国的农业技术高度发展，宋朝的单位作物产量已经位居世界第一。高产稻田的诞生带动了中国人口的爆炸式增长，到1020年已突破1亿人口。

在中国历史上，宋代代表了创新和创业的巅峰，这一点并非偶然。正如前文所述，即便没有创新，创业活动也可能发生，反之亦然。但在有些情况下，两者能相辅相成，相互推进。和很多其他社会角色不同，创业者需要试验性思考和敢于冒险。在理想状态下，这些行为能激发重大创新，从发明新产品、流程和服务，到对现有事物进行重要的、可量度的改良。

创业者的创造力，只有在发明型社会才能得到充分的表达。宋朝人的智慧可能在整个人类历史上都是无可比拟的，至少在欧洲文艺复兴开始之前确实如此。这种现象，加上强大的国际贸易，让宋代中国成了创新与创业增长齐头并进的时期。宋代前所未有的发明活力，让中国文明达到了漫长历史上的巅峰时期。但是，航海技术的进步虽然增加了贸易量，也带来了意料之外的成长之痛，其中最严峻的，就是货币严重短缺。

飞钱再度出现

航海商人、货运经纪人和其他向宋代欣欣向荣的海上贸易提供资本和供给品的生意人经常发现金属铸币紧缺。1024 年，宋朝官员被迫在全国范围内推行前朝茶商创造的货币。很快，宋朝纸币就得名“交子”，其中一个意思是“折起来的纸”。值得注意的是，“交子”谐音“饺子”，是中国独有的食品，代表繁荣兴旺。

虽然宋朝仍在继续使用铸币，但和现代货币体系一样，当时的纸币发行量大于铸币。正如历史学家凯文·赖利所述，“宋代中国创造了很多当今商业社会的常见元素。其中最值得注意的，应该是（官方）纸币”。直到 1661 年斯德哥尔摩银行发行瑞典纸币，欧洲才首次出现官方纸币——比在 11 世纪就开始使用纸币的中国晚了 600 多年。

世界上第一张官方纸币是激发宋代商业活力的另一结构性利好因素。《无现金时代的经济学》一书的作者戴维·沃尔曼在描述世界最早的官方纸币时说：“这种用桑树叶制作的特种纸，不仅能充裕国库，同时也能推动商业飞速发展。”沃尔曼接着写道：“当四面八方的人民都愿意接受同一种交换媒介时，贸易机会就迎来了指数级增长。”

对很多中国人而言，这种新媒介不过就是盖着官印的桑树叶纸，但它的流通范围很广。由于纸币的存在，宋代人的购买力达到了前所未有的高度，可购买的畅销商品和服务种类也在不断增加（但遗憾的是，正因为使用纸币，到 12 世纪下半叶，中国遭遇了世界上最早的恶性通货膨胀）。

商人的抱负

宋代除了见证了国际市场对中国丝绸、棉花、陶器、瓷器、茶叶、盐、铁、铜和其他商品的需求高速增长之外，拥有 1 亿消费者的国内市场的规模和繁荣程度也是前所未有的。很多刚富裕起来的中国消费者开始追求越来越多的商品和服务，其中很多都是从斯里兰卡和阿比西尼亚等地进口的。崛起的商业创业者阶层充分洞察到这些理想的从商条件并加以利用。在这个过程中，中国完成了始于唐代的蜕变：在原本农业占主导的中国文明之中，出现了城市新贵。

从农业到城市这一转变所带来的影响，也体现在宋代前后的税收收入构成上。两个时期的主要税收来源都是土地税和产品税，宋朝之前以农产品、丝绸和其他有形商品支付，而宋朝之后则以货币（铸币，1024 年以后也可能是纸币）支付。宋朝之前的公元 8 世纪，96%的税赋是以有形商品支付的，货币支付仅占 4%。而到 11 世纪中期，一半以上的税赋都以货币支付。

宋代著名诗人陆游《估客乐》(1187 年）中的文字就描述了城市

创业者的崛起：

长江浩浩蛟龙渊，浪花正白蹴半天。
轲峨大艑望如豆，骇视未定已至前。
帆席云垂大堤外，缆索雷响高城边。
牛车辚辚载宝货，磊落照市人争传。
倡楼呼卢掷百万，旗亭买酒价十千。
公卿姓氏不曾问，安知孰秉中书权。
儒生辛苦望一饱，趑趄光范祈哀怜；
齿摇发脱竟莫顾，诗书满腹身萧然。
自看赋命如纸薄，始知估客人间乐。

在宋代，无论是饱学之士，还是政府高官，他们的社会地位在城市商人的富贵荣华面前都显得黯然失色。

这个朝代的创业者继续改变中国商业本身的性质，中国的经济中心随之从农村转移到繁华的都市，进而带动城市蓬勃发展，这种局面在现代世界的大多数地区很常见。从马可·波罗初到临安时的惊叹可以看出，即便在13世纪，这座城市的发展程度，对一个已经游历过世界大部分地区的欧洲商人而言还是前所未见的。宋代创业者不仅是这一巨大转变的催化剂，还精明地成了这一转变的主要受益者。从庭院翻修服务到充满异国情调的东非器皿，这个朝代的商人阶层积极地适应富裕的中国城市消费者不断变化的品位。

马可·波罗在南宋灭亡后在其都城看到："每个广场一周有 3 天市集。赶集的有四五万人，出售各种生活必需品。"随着日益多元化的商品和服务门类带来更多机会，中国创业者越来越专业化，有时甚至会开发新的细分市场。另外，他们还开始根据各自的细化领域组建商会。这些组织势力很大。如果政府需要大批物资，政府官员就不得不召集商会安排采购。

创业的力量

在宋代，商人阶层相对统治阶级的地位已经明显提升。正如历史学家亚瑟·考特瑞尔所述："虽然官员对商业发展及其创造的巨大利润也有看法，但他们还是寻求商人帮助来经营官办的垄断性业务和创业活动。"和其他因素一样，这一变化反映了中国古代社会的转变。在当时，来自城市的商人而不是农民的财富，成了政府的主要税收来源。

同时，宋代创业者还掌控着日益壮大的城市化经济，包括就业机会。例如，专门研究中国史的日本学者斯波义信在 1970 年分析宋代中国商业与社会时指出，"在当时的情形下，船夫不再务农，而是指望商业和中介谋生"。因此，到 11 世纪末，中国已经有 5 座城市的人口超过百万人。而在 12 世纪初，伦敦的常住人口只有 2 万人，直到13世纪，马可·波罗的故乡——威尼斯的人口才突破10万人大关。

和当代中国一样，大量农村人口迫切地想参与到欣欣向荣的城市商业中去。在宋代，数百万务农人口为了赚更多的钱进城谋生。他们的雇主不再是封建地主，而是城市创业者。正如日本历史学家宫崎市定所述："农民确实还占大多数，但资本都集中在商人阶层的手中。从这个层面看，宋朝本质上具有明显的资本主义特征。"从赋税收入到工人工资，创业阶级担负着整个王朝的生计。

资本主义与儒家思想

和其他文明的某些类似阶段一样，宋代商人阶层的巨大成功，引发了混合着羡慕和仇恨的复杂心理。宋代政论家叶适的下述言论就概括了这种羡富与仇富心理："富人积累资本终究对社会有益。考虑到他们的精神压力，他们的劳动强度不亚于体力劳动者。所以我们也不应嫉恨积累财富的行为。"

同时期著作歌颂"资本积累"的事实，很能说明问题，因为这种放任民间资本扩张的态度在儒教社会并不常见。在宋朝，中国哲学和精神文明格局是道教、佛教和儒教三足鼎立。但儒家思想是很多中国人信奉的主流思想，包括众多学者和政府官员。其中最著名的就是宋代儒家学者朱熹，他因鄙视各种形式的贪腐著称。

朱熹认为，任何人都应该重德修身。传统儒家学者认为，重利有违仁德。因此，他们并不看好创业者这个群体。儒家学者的思想虽然对商人阶层没什么直接影响，但接受儒家思想教育的政府官员却深受影响。因此，宋代官员会想方设法地限制民间创业者参与制盐、种粮、制衣和其他重要产业。

但急于最大限度地扩大税收基础的朝廷，常常偏离儒家思想，聘请成功的创业者帮忙管理这些政府垄断的产业。从开封迁都临安时，崛起的商人阶层拥有的政治影响力明显已经到了无法逆转的地步。这种变化速度无疑让一些官员感到不安，但这些位于权力顶层的儒家学者们因税收收入的不断增长而欣喜不已，他们相信，创业阶层的崛起所造成的影响，整体而言还是积极的。

井井有条的商业

即便在宋代城市中心以外的其他地区，冶金、制盐和陶艺等重要产业也随着劳动力分工日趋系统化和高效化而经历了重大变革。这一变化是推动宋代商业迅速发展的又一重要因素。宋代作家吴自牧关于改善运粮做法的介绍，就说明了这一点：

> 且叉袋自有赁户，肩驼脚夫亦有甲头管领，船只各有受载舟户，虽米市搬运混杂，皆无争差，故铺家不劳余力而米径自到铺矣。

在宋代，某些重要商业层面的发达程度，已经接近现代标准。例如，随着对外贸易的不断发展，经纪人（专业的掮客和中间人）阶层不断壮大，很快就到了急需制定全面指引，以尽可能减少多方交易引起法律纷争的程度。宋代作家李元弼记载的一段守则摘要表明，相关规定相当复杂：

> 不得高抬价例、赊卖物货、拖延留滞客旅，如自来体例，赊作限钱者，须分明立约，多召壮保，不管引惹词讼。

另外，随着大小创业活动的不断发展，创业职位和管理职位不断分离。从制造到长途贸易，越来越多的（拥有一定规模生意的）创业者开始聘请专业的长期管理人。

僧侣资本家

佛教起源于印度北部，公元2世纪传入中国，并不断融入中华文明。宋朝全国各地修有大量的佛教寺庙和僧院，很多修行者长居于此，佛教的兴盛程度可见一斑。为了维持这些寺院的正常运作，日益壮大的佛教僧侣阶层，需要想办法解决宗教活动的资金问题——他们满怀热情地投入到了这项事业中。

现代人对放高利贷者存有偏见和成见；而佛教僧侣在现代西方人眼里的形象则是反物质主义的，甚至是超凡脱俗的。因此，很难想象这两种形象如何能在“僧侣资本家”的身上完美结合。但在宋朝，中国 50 万名佛教僧侣和其背后的寺院是最主流也是最具有创造力的贷款资本和投资机会的提供者。事实上，早在公元 8 世纪中唐时期，僧侣就已经开始提供贷款服务了。鲁威仪在描述 8 世纪中期的长安城时提到，唐朝都城的“一些店铺，尤其是担保贷款生意，是佛教寺庙经营的”。

僧侣精于贷款业务，在积累了大量财富后引起了统治者的嫉恨，这无疑也折射出僧侣的巨大成功。唐武宗时期发动了大规模的灭佛运动，所幸这位皇帝在位时间不长。按照维托尔德·罗津斯基的说法，唐武宗灭佛的主要动机是出于财政考量，因为“佛教势力手中的巨大财富，具有无法抗拒的诱惑力”。宋代时，佛教与道教、儒教相融合，成为朝廷认定合法的全国性宗教。因此，虽然宋代老派的儒家学者对这种“外来”宗教一直怀有戒心，但基本没有干涉这些佛教寺庙，允许其自由发展并创新利润丰厚的金融服务业务。

凝聚了这些僧侣创业者超凡智慧的最佳例子，也许要数一种叫“长生库”的投资。这种创新性金融工具在南宋时期盛行，俗称“斗纽”，意思是“汇集与联系”，指的是将多个投资者手中的资源收集或汇聚在一起，然后按照适用于所有汇集资金的条款进行分配——换言之，将每个人的资本和同一套规则联系起来。但不同于某些形式的“斗纽”，“长生库”同时具备贷款和股票（股权）投资的属性（见图 5－1）。

图 5-1　丝绸之路上的僧侣

对于这一有趣创新的最早记载，出现于 13 世纪初，介绍了汇集资金如何投资于由僧侣创业并通过免税的佛教组织来管理运营的当铺。写于 1201 年的一篇文章介绍了这种投资的一些有趣要素。它是中国僧侣创业者设计的，也是宋代成熟金融工具中被记录得最翔实的。现根据上述文章和后续记载，将这种投资形式分步总结如下。

（1）寺庙主事人筛选并聚集一批想投资于寺庙开办当铺的商人。因为大家都知道这种当铺的经营风格偏保守，所以富商认为这种投资相对比较安全。投资人数一般都有限制，如不超过 20 人。有时也允许多个团体参与投资，但对这些团体的数量也有限制，如不超过 10 个团体。按照当时的说法，这个步骤叫做“斗”(集合)。

（2）主事人随后建立一套通用的规则，将所有团体和各临时股东所组成的群体成员“联系”在一起。这个步骤俗称“纽”。相关的指导规则涵盖诸多重要方面，包括管理层（寺院主事人）的责任和股东的权利。股东权利方面包括“投资”时长，或者更精确地说，贷款期限，通常设为 10 年；各团体及各股东的投资规模（如每个团体 5 000 贯铜钱，每位投资者 500 贯铜钱），以及时间、计算方案和每年的利润分成方法。

（3）这一投资体系在 10 年的投资期限内一直存续。期满时，这些临时股东须撤出“股份”，以换回本金。换言之，他们的贷款随之到期。宋代的造船公司、茶馆或众多其他主要业务类型会采用“斗纽”的方式来出售代表业务实际所有权的股份。但作为“长生库”的中心，当铺永远是当地寺院的财产，无论在投资期间还是之后，都不得出售。

创意资本

除了佛教僧侣，宋代的其他创业者也创造了新的资本形式。事实上，正如《资治通鉴》记载，纵观整个宋代的商业阶层，最重要的创新创业都发生在投资金融领域。宋英宗下令司马光编撰的《资治通鉴》，是当时最全面、最深刻的中国史著作，全书294卷，历时19年（1065—1084年）完成，凝聚了作者在创作时期（11世纪的宋朝）的诸多洞见。

提到投资金融，《资治通鉴》中收录了一段据传是宋朝政治家和文学家欧阳修的深刻洞见。欧阳修提出了民间资本投资对社会有利的观点，比亚当·斯密早了几百年。他写道："为什么要把钱锁在保险柜里，而不是用其生财并福泽众人呢？"① 从史料来看，很多宋代创业者都听取了欧阳修的建议。

唐代见证了投资活动的明显增长。当时的投资大多采取"合本"的结构，这种形式的股份制公司有一名主动合伙人或一到两名被动投资人。到了宋代，随着"斗纽"的盛行，被动投资的概念不断扩大，投资结构中的投资者数量明显多于从前。商人阶层中分化出一个叫"经商"的独立类型，也就是"经纪商人"或经营业务时使用

① 此处无法确定原文所引文字的文言文版本，故按白话翻译。——译者注

外来资本的商人，他们在宋代的地位很高。这些商人和很多现代公司中的高管和经理一样，都因这种被动股权股东体系而获益。

宋代的海商阶层日益壮大，是最早推动被动股权扩张的力量。随着利润丰厚的海上贸易机会日益增加，宋代创业者开始设计新的融资方案，其中很多都以利润分成形式回报投资者。因此，这种新金融工具不仅可以减轻传统贷款方式造成的定期付息负担，还可以让更多商户加入合资项目，不需要独自承担全部金融风险。

最重要的是，创业者获取资源更加方便，因此能扩大现有业务及建立新业务，进而创造更多投资机会。而对投资者（大多为商人）而言，被动股权投资让他们在利用资本生财的过程中无须投入大量的时间和精力，而且业务所有者创造的投资回报率可能远高于传统固息贷款。当然，如果合资项目没有按计划获得成功，那么参股所带来的利润，也有可能远低于有息贷款。但不管怎样，股份所有权蕴藏着巨大的增值潜力，这不仅能吸引现代投资者，也同样能吸引宋代的商人阶层。

日本历史学家日野开三郎和草野靖都是研究中国宋代社会经济形态的专家。两人于 1958 年提出了自己的观点。日野开三郎和草野靖在一篇题为《唐宋时期的合本制度》的论文中阐述：“拥有足够的商业手腕却缺少资本的商人，凭借积极的态度巧妙地获取巨贾的被动投资，吸引他们加入联合投资者的队伍，进而扩大销售并创造更多利润。”

在同一篇论文中，两位作者也介绍了宋代商人阶层在寻求这一体系所提供的额外资本的过程中，面对的主要障碍来自心理层面：

> 这种投资者参与方式（提供资本但不参与管理）能不断扩大投资者人数和投资资本金额。但前提条件是，投资者必须绝对信任管理层。公司的实力及管理层的品性和能力，是建立信任的基本条件，但同时还需要设立相应的规则和做好安排来巩固并维持投资者的信任。

宋代以创新著称的创业者设计了这些规则。和发明了“长生库”的僧侣创业者一样，他们的设计也同样体现了令人赞叹的周密和远见。

事实上，宋代创业者使用的“斗纽”结构，有很多主要特征与现代股权投资的常见特征惊人相似（尤其是在赋予所有权全部权利的情况下）。其中包括许多投资人共同投资一个项目，确定一套适用于所有股东的复杂原则，按比例分配股息等。其中最重要的，可能要算明确分离主动管理和被动投资。这种结构不仅呈现了当代西方股东系统的轮廓，还包含了很多相对复杂的细节。中国早在距今 800 年前就已经做到了这一点。

已故历史学家谢泼德·克劳夫认为，“股份制安排是历史上最重要的企业管理发明之一。其最大的好处在于能将手握可支配流动资本的大量投资者的存款聚集起来，解决大型企业所需要的资金”。克劳夫的这番言论针对的是 17 世纪的伦敦，而不是宋代的中国。而伦敦证交所聚集起来的投资者的数量，和宋代也有着显著差别。但无论如何，他所概括的股份制的基本优点，也同样适用于总结宋代中国在企业结构上的进步。正是这种进步，为创业投资达到前所未有的规模创造了条件。

元代的崛起

马可·波罗抵达临安时，已经受雇于忽必烈，忽必烈是最终亲手埋葬了南宋王朝的蒙古统治者。忽必烈此前一直统治着之前由北宋统治的领土，他于 1275 年挥师南下，攻打南宋。到 1279 年，蒙古军队踏平南宋，南宋灭亡。整个中国都陷入蒙古人的统治。经历了长期的战乱，加上饥荒和疾病，到 14 世纪初，中国人口已锐减三成(约 3 000 万人口)。

在这种残酷的环境下，宋代之前的商业盛景早已不复当年。有历史研究者写道：

> 忽必烈于 1294 年去世，留下了一个摇摇欲坠的帝国。无论他本人还是之后的元朝统治者，都没能掌握统治的艺术。实际上，他们的统治风格，依然是骑在马背上欺侮汉族人民的劳动与才华，而这两者恰恰是王朝的未来所倚仗的。

中国商人阶层的“劳动和才华”以及大多数的财产都惨遭“践踏”，因此这一阶层在宋代积聚的繁荣和影响力已经折损大半。正如接下来7个世纪的中国历史所展现的，中国整体经济艰难地努力重拾宋代的辉煌，但从没有彻底成功。历史学家克雷格·洛克哈德认为：“宋朝是中国经济与对外贸易的巅峰。”中国的商业与创业活力的复苏，实际上发生在最近几十年。

西方国家的创业精神开始凸显

对有些人来说，宋代创业活动的范围和复杂程度（尤其是货币、企业结构和其他形式的金融创新）出人意料。例如，官方纸币的起源要追溯到中国茶商的事实，听起来让人意外，甚至有违常理，至少对有些人来说确实如此。毕竟，人们常认为欧洲，而不是亚洲，才是伟大商业发展的源头。但正如本章及之前章节所述，在创业史早期，欧洲并不是创新和发展的中心。

另外，如果除去古罗马时期，欧洲直到中世纪末期才开始主导全球商业。正如之后两章所述，就在宋朝灭亡不久后，欧洲人表现出了从事大型创业活动的超凡能力。事实上，他们是如此精于此道，以致乐于创新与冒险却也极富争议的欧洲创业阶层，给欧洲大陆甚至整个世界带来了永久性的改变。

第6章

西欧与有利可图的“新世界”

我知道谁将获得这份功劳——所有跟在后面的那些聪明人，

他们成群而来——

永远体会不到沙漠带来的恐惧；

跟着我留下的营帐，用着我挖的水源。

他们回来后会大肆吹嘘。他们才会被称作先驱者！

——鲁德亚德·吉卜林

从黑暗到光明

和之后活跃的经济活动相比，从古罗马帝国灭亡到 13 世纪，西欧的经济大多数时间都处于发展迟缓的状态。直到中世纪中晚期，才开始出现一些活跃的商业趋势，其中很多和创业活动的发展有关。在此之前，西欧的创业活动基本上毫无进展。自古罗马帝国灭亡以来，西欧一直遭受来自南北两方的侵略，这种局面经常造成重要商道中断，打压了商业发展。

但欧洲经济长期陷入停滞状态也有内部原因。正如前文所述，在中世纪时期，欧洲的城市化程度远落后于中国。因此，这一以农业为主的地区，经济实力基本以土地所有权为准，而这种所有权则是由森严的社会经济体制（封建制度）决定的。封建制度是一种等级制度，顶层是皇家，之后是贵族、骑士和工匠，而广大农民则在底层吃苦受累。农民下面还有农奴，也就是身份更低微的佃农，他们在贵族的封地上劳作。

封建制度以农业为主并且等级森严，这种环境无法为私人创业提供所需的条件，更不要说鼓励创业了。另外，教会拥有巨大的政治和经济影响力。他们支持封建制度，一般将创业活动视作罪恶的行为。但在从中世纪到文艺复兴时期的过渡期，随着贵族势力日渐衰弱、地区贸易的扩张以及英格兰王室拒绝承认教皇的权威，上述制度的势力也日益衰弱。

同时，包括纺车（极大地促进了纺织品的生产）在内的一系列技术创新推动了工业生产。这些技术进步虽然无法和几个世纪后令欧洲及其殖民地变革一新的工业革命相媲美，但也足以推动经济重心开始从农业封地向纺织、冶金、造纸、印刷和钟表制造行业不断发展的城市中心转移。

随着贸易和工业的复苏，长期以来在西欧大部分地区一直处于沉寂状态的城市创业活动也开始逐渐复苏，进而带动了商业法的重大发展（包括设立商事法庭来裁定商业纠纷）。此外，还诞生了新型商业结构，包括复杂的合伙制，以及历史学家爱德温・亨特和詹姆斯・穆雷所描述的“超级公司”结构。亨特和穆雷写道，这种实体“规模超乎寻常，与以前的公司有质的差别”，“从事的活动范围超级广泛，包括一般贸易、大宗商品交易、银行、制造业务，它们覆盖广阔地域，存续很长时间”。

文艺复兴兴起于意大利城邦（当时意大利还不是一个国家）。到了 200 年后的 15 世纪下半叶，这场运动逐渐取得了璀璨的成果，其中很多都发生在意大利地区。卢卡・帕西奥利传记的作者认为，“各行各业的人民都积极地改善当下的情况，希望为未来留下有意义的东西”。帕西奥利的朋友，之前和他同住在一个屋檐下的列奥纳多・达・芬奇被誉为“建筑学之父”（他还取得了很多其他艺术与科学领域的成就）。而帕西奥利本人则被称为“记账学之父”和“会计学之父”。

帕西奥利所取得的一些成果确实建立在之前数学家的成就基础上，借鉴了中世纪阿拉伯数学家和古希腊数学家的思想。但无论怎样，他善于以高度实用的方式将前人的知识加以整合。他和创业活动最相关的著作是《算术、几何、比例总论》，其中的一篇论文记载了复式记账法，这种方法有助于支持更大、更复杂公司结构的运行，欧洲创业者因这种公司结构而闻名。

欧洲史上这段极富创造精神的时期，也见证了武器的重大创新，包括用于武装战士的火药武器和能移动的海上大炮。事实上，到了中世纪末期，西欧继西古罗马帝国时代之后首次重新在科学、技术、工业和军事领域站在了世界前列。尤其是军事上的领先地位，确保了欧洲的探险家创业者在面对非洲、美洲甚至亚洲广大地区的原住民时都具有致命的优势。

葡萄牙人与黄金河

基督教世界一直到 1492 年夺取格拉纳达时才最终“光复”了伊比利亚半岛。西班牙和葡萄牙对全球商业的野心，在一定程度上由于伊斯兰军队掌控了地中海和非洲贸易而备受阻挠。葡萄牙的领土比西班牙小很多，在欧洲西南端偏居一隅，因此受到的影响更大。于是，葡萄牙人转而努力提升自己的海上实力。早在 1330 年，葡萄牙人就已经发现了马德拉群岛，并在大约 20 年后发现了位于大西洋中部的亚速尔群岛。

但直到 15 世纪初期，葡萄牙人才有组织地通过海上扩张绕过穆斯林统治的北非地区。虽然有几位野心勃勃的独立探险家参与其中，但资金和组织工作大都由葡萄牙王室落实。葡萄牙专门开办了一所航海学校，以提升本国探险家的航海能力。学校传授欧洲航海领域的先进知识，其中也包括阿拉伯人和中国人的创新。为了从海上到达非洲大西洋沿岸的更南端，葡萄牙王室占领了摩洛哥北部海岸的休达，并将其改造成葡萄牙的海军基地。

葡萄牙探险家最重要的目的，是到非洲西部海岸附近的黄金河发财（其中一部分财富要和葡萄牙王室赞助者分享）。早在 2 000 年前，腓尼基人就曾在这一地区开展贸易，但没有任何西方国家对这段海岸的海上探索能像 15 世纪早期至中期的葡萄牙人那样广泛。即便称霸非洲大部分地区并且垄断从摩洛哥到盛产黄金的西非地区商道的阿拉伯人和柏柏尔人，一般也会远离非洲西部海岸更南端的水域，部分原因是传闻这一海域会让人有去无回，而且还有吃人的海洋生物，这样的流言在伊斯兰世界流传甚广。

但葡萄牙人经过几次探险并从这一地区带回大量的黄金和黑奴后，他们对财富的欲望压倒了内心的恐惧。事实上，这些早期欧洲探险者不仅开启了欧洲探险与殖民化的伟大时代，也是最早大规模奴役非洲黑人的欧洲人。这种蓄奴行为大约开始于 1440 年，当时马德拉群岛引种甘蔗，大量的黑奴被运往该岛在种植园劳作。继葡萄牙 1501 年在巴西开展殖民活动后，这种模式被大规模复制。到 1888 年巴西废除奴隶制时，被运到这个国家的黑奴大约有 500 万名。

1457 年，葡萄牙占领了无人居住的佛得角群岛，该岛临近今天的塞内加尔和毛里塔尼亚沿海地区。但葡萄牙王室很快就没兴趣再投入任何精力，于是将非洲的贸易权出售给了一群葡萄牙商人。之后的 14 年内，这些商人在没有政府干预或监管的情况下，发掘了大量的商业机会，交易商品涵盖奴隶、黄金和象牙等。

1471 年，阿方索五世收回了非洲的贸易权。这是欧洲殖民地贸易权第一次在民间和政府之间来回转移，但不是最后一次。一些大的商行都是私人全资所有。另外，即便公司由皇家出资，其背后的欧洲君主通常扮演被动股权合伙人的角色；公司的经营和领导由主动股权合伙人——为了发财冒着生命危险穿越惊涛骇浪的探险家创业者——来负责。

1487 年，一位名叫巴托洛梅乌·迪亚斯的探险家创业者南下绕行到非洲的最南端——他很可能是继古代腓尼基人之后第一个重走这一航路的探险家。当时，葡萄牙已经发展为毋庸置疑的海上霸主，能到达非洲沿岸的任何地区。无论是王室的宝库，还是富人的银行账户，都因此而充盈。早期的这些成功刺激了葡萄牙扩大海外掠夺的意愿。随着商人和其他殖民者进一步巩固葡萄牙在非洲的地位，一种新作物让探险家创业者将目光移向东方的印度。

葡萄牙人与香料之路

来自意大利城邦威尼斯的商人和伊斯兰世界的中间商建立了排他性的合作关系，进而控制了欧洲的印度香料供应。除了马可·波罗之外，还有很多威尼斯人的足迹都遍布整个中东和其他伊斯兰地区。威尼斯人独占利润丰厚的欧洲香料贸易的供应源头，招来其他欧洲国家的不满。成功南下绕行非洲海岸的葡萄牙人很快就发现了一个可以击败威尼斯人的机会——建立一条直达印度的海上商道。

葡萄牙探险家瓦斯科 · 达 · 伽马在 15 世纪末完成了这一目标。但是他的印度之行虽然创造了大量的利润，也经历了巨大的苦难。1497 年，达 · 伽马带着 170 名船员和 4 艘船从葡萄牙出发，到达了“香料之城”卡利卡特，也就是今天的科泽科德。次年，他带着一艘船和折损过半的船员踏上了归程，包括他弟弟在内的大多数水手都因为疾病或恶劣的天气而丧命。但一艘船所载的香料在欧洲卖出的高价，相当于此次出海成本的 60 倍之多。

来自热那亚的航海创业者

葡萄牙通过海上探险获取的财富，吸引了整个欧洲地中海地区的兴趣，其中包括意大利城邦热那亚。这个城市的航海商人精通海上贸易（事实上，正是从黑海回来的热那亚商人在不知情的情况下将黑死病带回了自己的家乡。14 世纪时，这种传染病的爆发导致欧洲人口锐减三成）。在 15 世纪后期，一位名叫克利斯托弗 · 哥伦布的热那亚商人，盖过了之前所有航海家的风头。哥伦布不遗余力地追逐财富和功名，是欧洲新一代探险家创业者以及之后成千上万的殖民者和先驱者的代表。

同时期的西班牙，伊莎贝拉女王和费迪南德国王正忙于扫清穆斯林或摩尔人剩余的为数不多的大本营。最终，基督教军队在 1492 年收复了格拉纳达，给这场光复运动画上了句号。此后，这对西班牙王室夫妇开始将注意力转到其他方向，他们惊慌地发现，自己在伊比利亚半岛上的邻居，已经在大举扩张贸易航道，越来越多的海外领地都飘扬着葡萄牙国旗。西班牙国王与女王也迫切地想获得“应得”的海外财富。伊莎贝拉女王尤其热衷于提供资本支持，尽管投资的规模有限。

当时 41 岁的克利斯托弗·哥伦布已经有 20 多年的商业航海和探险经验了。在航海生涯的前 15 年，他陪同热那亚商人在整个地中海和北非地区探险，也曾跟随葡萄牙的商业船队北赴爱尔兰和冰岛，并为热那亚商人从马德拉群岛采购蔗糖。一直到 15 世纪 80 年代中期，哥伦布都只是独立的航海探险家，倒卖从西非采买的黄金和其他器物。已经积累了一定的财富，他的胃口越来越大。

随着葡萄牙探险家沿着非洲海岸线不断向南推移，他们很快就会发现通往印度的东向航海路线。但哥伦布对开辟新的西向航海路线——穿过大西洋到达东亚——更感兴趣，因为这样能建立贸易垄断。虽然哥伦布不是最早产生这个想法的，却是最早将这个想法付诸实践的。这位热那亚航海家没有资源来实现这一宏伟的目标，于是他就向葡萄牙王室求助。国王和王后不仅有必要的财力，而且对外宣称支持这样的探险。

这样大胆的冒险，无论船只、水手还是补给都需要大量经费。传记作家艾玛·卡尔森写道：“和想法新颖的当代创业者一样，哥伦布也需要别人为自己的想法投资，并从中分得一定比例的利润。”他要求王室准备 3 艘配备了足够的水手和补给的卡拉维尔帆船。另外，哥伦布提出，他将从其“发现”的任何领土上获取的贵金属和收入中分得 1/10；对于与这些新发现的领土进行贸易往来的私人商船，他有权征用 1/8。另外，他还兼任这些领地的永久总督，这个头衔不仅能给他带来巨大的权力，同时还能让他荣升为贵族。

哥伦布提出的条件暴露了他的野心。很多人认为这位探险家心怀“教化”外族和传播基督教信仰的虔诚和意愿。或许哥伦布确实虔诚地信奉天主教，天主教的传播也确实对他很重要。但他的行为说明，这些考虑都是次要的。例如，一次航海归来后，哥伦布对自己分得的黄金数量很失望。他想到葡萄牙人通过西非奴隶贸易而大发横财，于是建议出售从岛上俘虏的加勒比人。从这一事件（还有很多其他事件）中可以看出，哥伦布更关心如何将“野蛮人”变现，而不是“教化”他们。

尽管如此，尤其是从皇室的角度来看，扩大教会的势力和影响，也是重要的考虑因素。随着欧洲殖民活动的继续，教会在将原住民“西方化”并帮助欧洲殖民者（尤其是西班牙、葡萄牙和法国的天主教势力）强制性地将旧世界元素移植到新世界的过程中发挥了重要作用。但因为像哥伦布这样的众多探险家以创业为目标，所以新世界殖民活动的动力主要集中于物质层面。

葡萄牙王室无法同意哥伦布苛刻的条件，回绝了他的要求。哥伦布并没有放弃，而是转而游说西班牙王室。经过几年的不懈努力，哥伦布最终说服了费迪南德国王和伊莎贝拉女王将西班牙扩张的希望倾注在自己的舰队上。值得注意的是，虽然经历了 7 年碰壁，但是哥伦布始终坚持最初的条件，从未妥协。

斯蒂芬·安德森在 2010 年出版的《社会创新新策略》一书中回顾了几项研究，有助于明确和澄清创业者的个性特征。他注意到，坚持、热情和承担适当的风险是创业者最常见的特征。哥伦布肯定不缺乏坚持和热情。考虑到探索新航线潜藏的不确定性，也可以明显看出哥伦布也不缺少承担风险的意愿。

哥伦布从 1492 年到 1502 年共出海 4 次，却从没有真正到达亚洲。但他坚信自己发现的加勒比岛屿就在日本东侧，距离自己原本的目的地印度不远。无论怎样，这些盛产黄金的岛屿（也就是之后的西印度群岛）将给他带来巨大的财富，而这也正是他一直渴望的。哥伦布在 1492 年 11 月 12 日的航海日志中写道：“毫无疑问，这些岛屿上有大量的黄金。”他有权得到其中的 10%，算起来是一笔可观的财富。

众所周知，直到哥伦布去世几十年后，他的伟大成就才显现出来，这笔财富才变成现实。哥伦布的航程被称为“印度探险”。需要强调的是，这些探险并不是属于西班牙的，而是属于哥伦布的。毕竟，如果哥伦布第一次游说就成功的话，这些探险活动的赞助者就是葡萄牙王室而不是西班牙王室了。

创业活动的新舞台

几年前，我参与了一个关于苹果和谷歌移动应用的项目。随着对这些新机会的了解逐渐深入，我赞叹于这类平台为世界各地的技术创业者所带来的可能性。英国普利茅斯大学创业和营销专业的教授伊恩·查斯顿的主张很有见地：“创业的发现也能刺激新机会的诞生。”

和我们这个时代的苹果、谷歌一样，哥伦布在创业活动中发现的新世界，也为当时的创业者提供了崭新的机会（至少单纯从欧洲人的角度来看确实如此）。除了激励西班牙、葡萄牙以及之后法国、英国、荷兰的探险者探索或者移民美洲外，创业者还新建了方法和系统来开发（有些时候是剥削）广袤的新领地。其中一些人还不经意地开辟了其渠道，之后又形成了更多新渠道。

具有争议的是，哥伦布的机会平台看起来更像一个剥削欧洲之外其他地方的人的平台。哥伦布本身在这方面就是反面教材。他因禁了岛上的原住民，还在 1503 年将非洲黑人运到西印度群岛当奴隶。西班牙历史学家安东尼奥·埃雷拉在 1601 年注意到，“因为糖厂的缘故，这个岛（伊斯帕尼奥拉岛）上有很多黑人，让人感觉就像身处埃塞俄比亚一样”。

这位热那亚商人造成的最具有毁灭性的恶果，是将天花、伤寒、猩红热和肺结核等病带给了西印度群岛的原住民，岛上的原住民对于这些“旧世界”的疾病根本没有免疫力。在 16 世纪和 17 世纪，岛上的加勒比人有大约 90%死于接触欧洲人所造成的不可预见的悲剧性恶果。虽然后来的一些探险家创业者有意灭绝一些原住民，但哥伦布和他的同伴并没有这样的意图。事实上，加勒比原住民部落的迅速消失，反而成为支持将非洲黑奴运到甘蔗种植园工作的理由。这种蓄奴做法，葡萄牙人已经在自己的马德拉群岛殖民地普及开来。

无论怎样，历史不会原谅哥伦布在新世界发起的镇压原住民及使用黑奴的做法。但在 16 世纪初的欧洲，哥伦布的航程还带来了其他更直接的影响。假设佩德罗·卡布拉尔于 1500 年发现巴西并不是由于航海失误，那么这位葡萄牙探险家穿越大西洋到达印度的探险决定就是哥伦布遗产的重要体现。哥伦布从西向航道抵达亚洲的尝试虽然没有实现既定目标，但作为历史上最有价值的失误，它注定还会激励更多效仿者。

欧洲其他列强警觉地注意到伊比利亚半岛国家在海外贸易和殖

民活动方面的成功，于是也急于支持自己国家的探险。有些探险旨在发现新航道，也就是从西北方向通往亚洲的航道。虽然这些探险家并没有成功，但在寻找航路的过程中，由英国赞助的约翰·卡伯特（出生于威尼斯，原名乔瓦尼·卡波托）于 1497 年发现了今天的纽芬兰；法国人雅克·卡蒂埃于 1534 年发现了今天的魁北克。英法探险家创业者和商业公司自此开始从事利润丰厚的加拿大毛皮贸易。

征服者

因为哥伦布的几次探险都由西班牙赞助，所以他所发现的领土被视作西班牙王国的财产。哥伦布现象引起了野心勃勃的西班牙人的兴趣。虽然“征服者”这个词含义广泛，但与其最贴近的形象，就是那些将西班牙领地从东印度群岛一直向更广阔的大陆扩张的西班牙人。

这些人中有很多是职业士兵。作为征服者的典型，埃尔南·科尔特斯是一位“创业者和投机家”——这是管理学家理查德·吕克对他的评价。开始，科尔特斯和哥伦布一样，也想深入探索新世界，通过欺瞒的贸易手段或偷盗占有他发现的所有金银。但随着时间的推移，他开始思考主要以生产而不是掠夺的方式来获取收入。在新世界经济迅速扩张的背景下，他率先倡导一种更持久的创业形式。

科尔特斯是怀揣着发财梦前往哥伦布占领的岛屿的第一批西班

牙人。1504 年或 1506 年到达新世界时，科尔特斯只有 20 岁左右，身边没有亲友，也没什么钱。他在伊斯帕尼奥拉岛定居，做过一段时间的公证员。之后的十多年，科尔特斯在西班牙扩张与巩固西印度群岛殖民地的过程中发挥了积极作用（尽管官职不高）。他曾协助军队攻占古巴，并担任这一西班牙殖民地的总督蒂亚戈·委拉斯开兹的秘书。无论作为战士还是行政管理者，他的魄力都令人敬佩。

但科尔特斯和哥伦布一样，也怀揣着追逐财富和名望的野心。据称，他在伊斯帕尼奥拉岛担任办事员期间曾向朋友倾诉："总有一天，我会伴着军号用餐；又或者，我将死在绞刑架上。"1518 年，他期盼已久的追逐荣光和财富的机会终于来了。就在前一年，一位常驻古巴的西班牙探险家创业者弗朗西斯科·埃尔南德斯·德科尔多瓦在前往尤卡坦半岛（今天墨西哥的东端）的探险途中丧命。

德科尔多瓦觊觎的除了贵金属还有原住民，因为他在古巴的庄园需要奴隶，他并没有预料到玛雅人的反抗会如此强烈，但他运回古巴的黄金饰品足以激励其他探险者。虽然由胡安·德·格里哈尔瓦领导的对尤卡坦半岛的第二次探险顺利完成，但获得的财务回报却令人失望。这两次探险，委拉斯开兹总督都投了钱，这样的结果让他沮丧。但不管怎样，通过和平贸易手段从玛雅人那里换得的黄金足以证明，如果能对这块土地（今天的墨西哥）进行更广泛的开拓，将会发现更多财富（见图 6－1）。

图 6-1　埃尔南·科尔特斯

委拉斯开兹变得越来越疯狂，科尔特斯也是如此。科尔特斯对于探险活动充满了渴望，正如科尔特斯之后向阿兹特克人解释的那样：“我和我的同伴都有心病，这种病只有用黄金才能治愈。”在委拉斯开兹有所保留的眷顾下（这位总督和他的秘书之间有矛盾），科尔特斯获任领导下一次探险。哥伦布确实乐于冒险，但只是适当的冒险。而科尔特斯的整个人生都过得非常轻率而鲁莽。例如，他在年轻时离开西班牙之前，曾从一名已婚妇女卧室的阳台上跃下，因此受了重伤。

另外，科尔特斯还挥霍无度，在第一次探险之前他就已经欠下大笔债务。他利用自己船长兼司令的新身份，从对这次探险寄予厚望的一群商人那里借来 8 000 比索。动身之前，科尔特斯就已经将这笔钱花了大半，用在奢华的派对和个人享乐上。所以，当委拉斯开兹总督改变主意，决定取消这次探险时，科尔特斯公然违抗他的决议。据戴维·格雷伯记载，在 1519 年 2 月，科尔特斯“带着 600 名水手向大陆出发，许诺每名水手都能参与平均分配这次探险带来的利润”。

科尔特斯如果敢两手空空地归来，就摆脱不了那些投了钱的商人的追债，更不要提如何平息委拉斯开兹的怒火。因此，一到墨西哥，这位征服者就下令焚烧船只。在接下来的两年，科尔特斯摧毁了墨西哥大部分地区，包括特诺奇提特兰城。按照他的原话，这座城市“比西班牙的任何城市都美丽，因为它的布局讲求比例，而且有很多高塔”。

当时由蒙特祖玛领导的阿兹特克文明，比居住在岛上的加勒比印第安人要先进很多。实际上，蒙特祖玛曾在历史上很长一段时间内奴役和残杀弱小的原住民。从这个角度来讲，他们的文明从很多层面来看与科尔特斯的文明同样残忍，同样具有扩张性。但即便是阿兹特克人最终也无法抵抗 16 世纪欧洲的先进武器。1521 年，科尔特斯带领自己的船员，在长期饱受阿兹特克人欺压的原住民的热情支持下，征服了这座城市，结束了全世界最伟大的文明之一。在如今的墨西哥城还能看到经历这场劫难后的遗址。科尔特斯虽然获取了人类历史上最大的一笔财富，但他在整个余生依然债台高筑。

不管怎样，科尔特斯确实扭转了这个西班牙新殖民地的经济模式，使其从偷盗转为更具有可持续性的经济活动——甘蔗种植园和远途贸易。但他和很多创业者一样，都没有为另一种身份转换做好准备，即从征服者转换为“新西班牙”创业活动的日常管理者，即便他在建立这份事业的过程中发挥了重要作用。事实上，吕克认为科尔特斯是历史上经历了创业角色与管理角色之间矛盾的典型例子。吕克表示：“他对组织的管理一无所知，也不屑去学。于是他很快就被时代淘汰，而他的无畏意味着他会制造各种麻烦。”他补充说：“现代创业者经常会在创业活动成功进展到某个阶段时陷入相同的境地。”

瓦斯科·巴尔沃亚和弗朗西斯科·皮萨罗也是这个时代伟大的征服者。两人都为西班牙王室夺取了大量领土，主要动机是攫取黄金和奴隶。和科尔特斯一样，巴尔沃亚也受到了哥伦布经历的鼓舞，怀揣着发财梦奔赴新世界。到 1515 年，他已经占领了今天的哥斯达黎加、尼加拉瓜和巴拿马的大部分领土，成为第一个西向航行到达太平洋的欧洲人。大约 15 年后，皮萨罗沿着一条“黄金之路”到达印加帝国的中心，征服了这个帝国。之后，他在原址上为西班牙建立了秘鲁省，今天的秘鲁作为独立国家沿用了当时的名字。

新世界各地的黄金被运回殖民国，相当于给西班牙（最终是整个欧洲经济）注入了大量的“原始货币”，在盛产白银的秘鲁被占领后，这一结果更加明显。后来，西班牙在新世界殖民地的采矿业和整体贸易落入了私人创业者手中。到16世纪末，西班牙政府在殖民地经济活动中所发挥的主要作用，就是提供海军帆船，以护送私人商船船队。

虽然这些探险的利润有一部分仍归王室所有，但就在哥伦布时代之后不到90年间，西班牙王室的地位已经下滑。到18世纪中期，西班牙已经丧失了商业和军事上的世界霸主地位。另外，面对英国和荷兰的围攻，西班牙作为最初的新世界殖民者已经无法分派帆船护送驶往拉丁美洲的商船了。

葡萄牙与班代兰蒂斯

阿尔瓦雷斯1500年的南美大陆探险活动产生了深远的影响。受影响的不仅有葡萄牙人和这片广阔土地（也就是之后的巴西）上的原住民部落，还包括数百万的非洲黑人。西班牙最早将黑奴运往新世界，但葡萄牙是最早从事大规模奴隶贸易的欧洲国家。它们在西非建立了多个贸易站点，然后利用这些站点在该地区建立了广泛的商业网络，其广泛程度是16世纪的任何其他欧洲国家都无法比肩的。

葡萄牙商人有条件成批运输非洲黑奴，而且他们的王室拥有的广阔的新领土非常适合开发甘蔗种植园。因此，这些商人靠出售蔗糖和贩卖从事蔗糖生产的劳动力获利颇丰。正如同时代的一位观察者所述：“巴西农场的运作靠的是黑奴、更多的黑奴。”1550 年，葡萄牙的这个新殖民地只有 5 家糖厂。大约 35 年后，这里的糖厂已经超过了 50 家。具有创业精神的糖厂所有者大多在新环境中取得成功。一位在巴西定居的葡萄牙博物学家加布里埃尔·苏亚雷斯·德·苏萨曾在 1587 年说道：“很多人来到这片土地时一无所有，回葡萄牙时却已经成了富人。”

当然，很多殖民者没有回欧洲。一些先驱者和他们的子孙决定积极扩张新殖民地的疆域，以此创造财富。在 17 世纪和 18 世纪，这些勇敢的冒险者（被称为“班代兰蒂斯”）战胜了内陆地区的原住民部落和配备武装的西班牙传教士，沿西向和南向扩张了巴西的疆土。巴西现在是拉丁美洲面积最大的国家，这在很大程度上是这些冒险者的功劳。但是，和征服者一样，这些班代兰蒂斯最主要的动机不是爱国，而是追逐利润，而利润通常来自黄金，有时候也来自原住民奴隶。

“新荷兰”的股份制公司

成功在今天的巴西境内建立了官方殖民地的另一欧洲列强是荷

兰共和国。该国当时的疆土包括今天的荷兰以及说佛兰德语的比利时部分地区。1630 年，这一崛起的殖民势力在巴西东北部的大片土地上击败了葡萄牙军队，建立了“新荷兰”。荷兰人的巴西殖民地一直存续，直到葡萄牙人于 1661 年通过一份条约重新夺回该地区。有意思的是，在这 31 年间，荷兰殖民地的管理部门不是荷兰共和国的分支机构，而是一家叫荷兰西印度公司的私有商业实体，总部设在毛里茨城，也就是今天巴西的累西腓。

荷兰西印度公司由佛兰德创业者威廉·尤西林克斯于 1621 年创立，效仿 1602 年成立的荷兰东印度公司的模式。而荷兰东印度公司的建立，则受到了 1600 年组建的英国东印度公司的启发。1600 年之前，英国人大多数以亚洲为目的地的海上探险都采取股份制公司的结构，这种公司在舰队返航及分配本金后解散（有时候也有利润，但并不经常有）。

之前，英国商人也针对特定贸易或特定地区成立了长期股份制公司，如利凡特公司（1581 年成立，代表涉足中东和土耳其贸易的英国商人的利益）。英国东印度公司是专门针对亚洲贸易组建的私营公司，有英国王室授予的垄断权。该公司精简了永久性贸易实体的融资与组织形式，这种形式被认为能更好地承担商业探险的持续风险。

和英国人一样，航海大国荷兰也有在商业探险活动中使用临时性被动股权结构的传统。在 17 世纪初，欧洲各国都在觊觎亚洲贸易航道时，由英国商人和投资者组成的联合阵线就已经组建了英国东印度公司，给竞争者造成了威胁。到 1602 年，荷兰商人、投资者和他们各自的贸易组织已经在远东地区完成了一系列成功的香料贸易，并希望能扩大这一贸易活动。

因此，荷兰各贸易组织的领导者决定搁置他们之间的分歧，像英国人一样汇聚资源和信息。这些荷兰商人（被称为“十七绅士”）建立了由“荷兰最有实力的商人”组成的团队。这个新合并的公司被命名为“荷兰东印度公司”。荷兰共和国政府也希望能借此提高税收收入，于是将荷兰贸易的垄断权交给了这家公司。此外，该公司还被赋予了兵权以及订立条约的权力。事实上，荷兰东印度公司的总督是由“十七绅士”而不是荷兰政府任命的，因此这一职位的拥有者即便有决策权，也需要服从任命他的十七位荷兰商人。

值得注意的是，上述所有权力都掌握在由私人股东持有并由个体商人管理的实体手中。于是，这些创业者从政府那里获取了某种程度的战略力量——政府的公开支持。另外，和伊比利亚半岛国家及其探险家为争夺领土的活动赋予宗教意义不同，荷兰东印度公司就是为了商业利益，它对这一点毫不遮掩，也毫无歉意。历史学家唐纳德·弗莱尔和詹姆斯·杰克逊在二人合著的《印度尼西亚》一书中谈及，荷兰东印度公司的目的，就是“对（印度尼西亚）利润较丰厚的产品，尤其是香料，进行全面的垄断”，以便“最大限度地获取贸易利润”。

2010 年，《彭博商业周刊》刊载了一篇文章，透露荷兰出土了 1606 年荷兰东印度公司股份证明的原件，这是世界上最早的印刷版股份证明。文章作者表示，这一文件具有重要的历史意义，预估拍卖价值高达 76 万美元。这一文件可能是全球现存的最古老的股份证明，同时荷兰东印度公司也被认为是“历史上第一个为世界上最早的证交所阿姆斯特丹证交所奠定基础的公司”。

在公司成立初期，如果现金不够全额派息，荷兰东印度公司的股东有时候会收到香料作为股息。不管怎样，考虑到荷兰东印度公司在整个 17 世纪及 18 世纪大部分时期的繁荣程度，公司的股东获利一定很多。荷兰东印度公司和该时期几乎所有重要的东亚贸易国都建立了深厚的业务关系，包括中国、日本、泰国、安南（今天的越南）和孟加拉。

荷兰东印度公司在上述国家建立了多个贸易哨站和堡垒，其中很多是通过战争从葡萄牙手中夺取的。简·皮特斯佐恩·科恩曾在 17 世纪初期在该公司担任了两任总督。他在给“十七绅士”的信中写道，“我们的贸易离不开战争，战争也离不开贸易”，因为“要靠贸易带来的利润才能买得起武器”。很明显，荷兰东印度公司坚决地行使了自己的军事权力，不仅控制了贸易哨站，还夺取了大量领土。

在亚洲，荷兰东印度公司的主要战场在锡兰（今天的斯里兰卡）以及在今天印度尼西亚境内的一些盛产香料的岛屿。“十七绅士”和其他股东通过战争成功地实现了驱逐其他欧洲竞争对手（尤其是葡萄牙人和英国人）以垄断重要商道的目的。荷兰东印度公司称霸东南亚的香料贸易，也借助这一霸权获得了垄断性利润。荷兰人的一次香料贸易，回报率常常达到400%。在17世纪末的巅峰时期，荷兰东印度公司雇用了20 000多名荷兰人，是世界上实力最雄厚的经济和军事势力之一。

荷兰东印度公司无疑成功完成了为股东创造财富并帮助荷兰发展为欧洲强国的使命。但和其他商业殖民项目一样，围绕这个公司也存在很多争议。弗莱尔和杰克逊提及荷兰东印度公司在1621年攻占盛产肉豆蔻的班达群岛时介绍道，这些印度尼西亚群岛的原住民被“无情地杀害”，而他们培育的香料园“被转交给荷兰东印度公司的雇员管理，由运进来的黑奴打理”。

提到黑奴，与葡萄牙人及西班牙人一样，大量荷兰商人积极参与奴隶贸易，尤其在加勒比海新建的荷兰殖民地。大多数商人都是新教徒，但其中也有相当一部分犹太教徒。荷兰西印度公司是一个中介渠道，帮助交易者进行蔗糖和非洲黑奴（生产蔗糖的主要劳动力）的贸易。大多数非洲黑奴都由荷兰东印度公司供应，该公司已经在位于亚洲航道沿线的非洲西海岸若干地区建立了贸易哨站。荷兰东印度公司还在非洲的更南端建立了成熟的殖民地，该殖民地存续了将近一个半世纪。现今西非的白种人，就是在荷兰东印度公司的庇护下定居在这片土地的荷兰与佛兰德殖民者的后裔。

除了短期占领了巴西东北部领地外，荷兰西印度公司还占领了荷属安的列斯群岛。该群岛共包括 6 个加勒比海岛屿，其中 3 个至今仍为荷兰领土。荷兰西印度公司和早期的荷兰东印度公司，都在欧洲对北美地区的殖民过程中扮演了重要角色。1609 年，荷兰东印度公司聘请亨利·哈德逊寻找一条从西北方向通往印度的航道。这位英国探险家之前曾为莫斯科公司（由英国商人组建的股份制公司，从事俄罗斯贸易）服务。和约翰·卡伯特及哥伦布一样，哈德逊也将个人野心置于对国家的忠诚之上。

哈德逊在为莫斯科公司效力时完成了一系列探险，已经借此了解了北美。之后他又沿着以他的名字命名的哈德逊河为荷兰东印度公司建立据点。到 17 世纪 20 年代，荷兰东印度公司已经不再寄希望于通过西向航道到达亚洲。荷兰西印度公司建立了新阿姆斯特丹，拓展了哈德逊的成果，该城之后被英国殖民者（1674 年打败了荷兰人）更名为纽约城。在新阿姆斯特丹城的存续期间，荷兰西印度公司从该地区利润丰厚的皮草贸易和肥沃的耕地中攫取了大量的财富。哈莱姆和布鲁克林等荷兰语地名，是该公司长期占领该地遗留的证据之一。

法国商业的扩张

欧洲历史学教授罗兰·温泽休莫尔认为：“大多数情况下，殖民活动的真正受益者，是私营商业公司、欧洲创业者和当地精英阶层的成员。”荷兰的殖民经历是印证温泽休莫尔这一观点的最生动的范例之一。虽然这句话也同样适用于法国的殖民经历，但法国一般不太愿意像荷兰那样将殖民权力让渡给私人创业者。

法国巴黎也注意到了荷兰和英国殖民活动的成功，以及它们因此获得的巨额税收收入。到 17 世纪末，很多法国公司已经超越了荷兰和伊比利亚半岛国家，成为按海外领土计算仅次于英国的殖民力量。但和英国人一样，法国人也是循序渐进地开展殖民项目的，有时甚至是试探性的。随着法国不断壮大，法国私人创业者的影响也在持续扩大。

西班牙于 16 世纪 20 年代发现了新世界。法国王室对此抱着既好奇又眼红的态度，并以一种非正统的方式加入了殖民活动：弗朗索瓦一世没有和商业探险家合作，而是派遣了一队佛罗伦萨的海盗专门打劫从新世界归来的西班牙舰队。1522 年，这位法国君主看着洗劫西班牙商船得来的丰厚战利品时绝望地说：“仅仅靠从西印度得来的财富，（西班牙）国王就足以向法国开战了！”

12 年后，有人将雅克·卡蒂埃引荐给弗朗索瓦一世。卡蒂埃是一位成功的航海家和探险家，他在法国出生并长大，因此取得了国王的信任。到 1534 年，卡蒂埃已经为多个商人团体牵头组织了多次到南北美洲的探险活动。他很看重在弗朗索瓦一世鼓励探险的情况下出现的机会。作为 16 世纪的欧洲人，卡蒂埃觉得他在当今加拿大东部地区遇到的原住民充满了异域风情，这足以让他相信自己已经到达了印度。

但是和哥伦布失败的亚洲探险一样，卡蒂埃的尝试也产生了意料之外的影响。这位探险家让法国人接触到这个生产皮毛的地区，这一发现对未来一代法国创业者意义深远。但在 16 世纪余下的时间，法国陷入了残酷的派系斗争和欧洲战事，因此法国直到 17 世纪初才重返美洲大陆。法国 17 世纪在新法兰西（在今天的加拿大境内）的殖民活动，要归功于另一位法国探险家萨缪尔·德·尚普兰。

虽然尚普兰的殖民项目由法国皇室授权，但也效仿了英国和荷兰的先例，一开始由一家名为加拿大公司（也称“康德公司”）的公司提供资金。这家公司是第一家在美洲建立永久性法属殖民地的公司，被法国王室授予这片广阔地区为期 11 年的专属贸易权。公司的创始人是来自法国北部诺曼底和布列塔尼地区的一群显赫商人。

当时在今天加拿大境内的很多法国殖民者都来自布列塔尼地区。很多野心勃勃却大多出身卑微的年轻法国人为了得到探索新世界的机会而来到了这片新殖民地碰运气。因为新法兰西的社会环境不太传统，从某些角度看相对自由，所以吸引了很多非传统创业者，其中包括积极建立皮草业务的法国女性——她们有些陪同丈夫而来，有些独自前来。

为了完成自己的探险，尚普兰由于各种法律和财务原因，不得不与多个法国商人公司合作，这一模式在全球其他法属殖民地被不断复制。这种有些混乱的情形在 1627 年发生了改变，当时红衣主教黎塞留组建了百人公司，黎塞留不仅是尚普兰的朋友，也是法国第二大有权的政府官员。顾名思义，百人公司是一家股份制企业，由一百名成员投资者组成，黎塞留和尚普兰本人都是成员之一。

17 世纪后期，法国在北美的势力范围一直扩张到路易斯安那。一位年轻的殖民者罗伯特·德拉沙变卖了自己在今天蒙特利尔的财产自费探险，相信自己终将到达亚洲。虽然他的目标没有实现，但这位法国人的运气比他的方向感好。因为这位被东方的香料和丝绸吸引的年轻人最终发现了另一种财富——棉花种植园。遗憾的是，从很大程度上讲，墨西哥湾地区法国种植园业主的发迹，是踩在从别处运来的黑奴的脊梁上得来的。因此，和大多数探险家创业者一样，德拉沙“发现”路易斯安那及后续其他法国人对这片土地的开发所造成的影响极具争议性。

不管怎样，法国在对美洲东南部的殖民过程中表现出了高度的适应性，前后无数盈利的创业活动，也都建立在这种适应性的基础上。LinkedIn 的创始人雷德·霍夫曼对这种原理的总结最贴切：“创业就是从悬崖上一跃而下，然后在下落的过程中组装飞机。”1731 年，德拉沙留下的“飞机”成了法国王室的殖民地，很快又吸引了新的一批法国创业者到来，很多人都通过出售棉花和收割棉花的奴隶而发家。

这些人中包括安东尼·科扎特和他的兄弟皮埃尔。这二人能成为当时法国最富有的商人和银行家，很大程度上靠的是将非洲奴隶运往路易斯安那的贸易。法国人在美洲更南部地区也大量使用黑奴。这些地区是他们在 17 世纪和 18 世纪夺取的一系列加勒比和南美领地，包括法属圭亚那、马提尼克、瓜德罗普岛、圣彼埃尔岛、密克隆岛和圣多米尼克（最初由哥伦布占领的岛屿）的西半部。

圣多米尼克就是今天的海地。它是美洲所有法属殖民地中投资回报率最高的。到 18 世纪末，圣多米尼克的咖啡、可可、靛蓝染料、棉花和蔗糖（最重要的出口品）生意已占法国海外贸易的 2/3 以上。要生产欧洲所消耗的 1/3 的蔗糖，需要使用大量的劳动力。到 18 世纪末，法国奴隶贩子已将 90 万名以上的奴隶运抵圣多米尼克地区——这样的奴隶贸易量在加勒比地区的任何殖民地（无论是法属殖民地，还是别国殖民地）中，都是最高的。和他们在路易斯安那的做法一样，加勒比海的法国创业者，也从奴隶海岸（位于非洲西海岸）运输黑奴。自 17 世纪 20 年代起，法国人在这一地区的表现就一直很活跃。

17 世纪中期，法国西印度公司在大西洋两岸开展业务，向加勒比地区的法属殖民地运输来自塞内加尔、几内亚和奴隶海岸其他地区的贸易哨站和殖民地的黑奴。和在非洲开展业务的几内亚公司及塞内加尔公司等其他法国股份制公司一样，这家公司也没存续多长时间。无论在非洲还是美洲，法国人创业活动的持久力，都不及他们的对手荷兰人和英国人。

另外，非洲的黄金、象牙以及奴隶贸易中，集聚了众多罪犯，他们都是揣着发财梦、最具有投机性的法国人和非洲人。有些人发了财，有些人丢了性命。正如历史学家 C. W. 纽伯里所述，德·蒙塔古埃尔在今天的贝宁领地的经历，就是个例子。

> 至少有一名叫德·蒙塔古埃尔的法国董事和波尔多的船长建立了合作关系，赊销商品，并对贸易站进行的所有交易都征收税费。他的商业手段实在过分；他手下的中介出售给迦南集市上的厄约商人的商品比卖给阿波美的克朋加尔国王（受蒙骗的国王要为更差的商品支付同等价钱）的商品质量更好。之后这些中介就被抓起来杀了，而蒙塔古埃尔本人也被驱逐出境。

也许正是因为这种管理上的混乱，在非洲经商的法国贸易公司存续时间一般都不超过 12 年。这个时期法国股份制殖民公司中存在时间最长的，是法国东印度公司，主要经营亚洲贸易。该公司是法国效仿英国和荷兰东印度公司建立的，经营范围主要集中在印度南部，同时也或多或少地参与其他法属殖民地的贸易，尤其是之前其他法国公司管理不善的非洲生意。法国东印度公司的运营和资金状况，通常和其他规模较小的法国公司一样不稳定。但按照当代的说法，法国王室认为该公司“规模太大因而不能倒闭”，因此注入大量资本以维持公司运行。

法国东印度公司的主要目的是为法国提供获取香料和其他东方商品的直接渠道。为达到这一目的，在该公司 125 年的历史中，公司数次认为有必要将印度次大陆上的领地殖民化。在 18 世纪中期的巅峰时期，该公司控制了印度南部 200 多平方英里的领土，而它之前少得可怜的贸易量，也一跃达到英国东印度公司（在所有股份制殖民公司中规模最大、利润最高）的一半。

英国商业的扩张

在大英帝国的巅峰时期，英国人管辖的领土占全球领土面积的 1/4 以上。正如英国首相本杰明·迪斯雷利所述，他的帝国是“日不落帝国”。和荷兰对手一样，英国公司的殖民活动背后是毫不掩饰的商业动机。温斯顿·丘吉尔传记作家威廉·曼彻斯特在描述丘吉尔童年时期维多利亚时代的英国时，从商业角度充分概括了“女王陛下的帝国”的起源：

> 夺取印度是从西海岸苏拉特的小型贸易哨站开始的。加拿大是哈德逊湾公司的领地，这家公司像（英国）东印度公司一样狂热地追逐利润。维多利亚时代占领澳大利亚的目的是为了夺取黄金和羊毛等商品。每个新领地都进一步推动了英国的转口贸易，为威尔士的煤炭、兰开夏郡和约克郡的纺织品、谢菲尔德和伯明翰的钢铁开辟更多市场。

和法国王室不同，英国君主从未持有殖民商业公司的控股权，尽管几位议会成员持有英国东印度公司的少数股权（这是公司广泛发售股份的结果）。和信奉天主教的法国人相比，英国殖民者对这一领地一般不太有兴趣，因此英国的商业模式更接近荷兰的模式（荷兰在这一时期是信奉新教的殖民大国）。但从商人公司的组织形式和复杂程度来看，英国殖民者超越了所有对手。他们以这种方式为今天的“盎格鲁-撒克逊资本主义”奠定了基础，该模式的主要特征就是庞大的金融市场以及对大型创业活动的投资。

英国海盗

英国殖民活动的成功程度和持久度超过了其他任何欧洲列强。但和法国人一样，他们一开始的殖民活动也带有试探性和掠夺性。

哥伦布发现美洲大陆后除了卡伯特的可被称为探险的活动之外，英国在 16 世纪下半叶之前几乎没什么动静。1562 年，一群垂涎于西班牙和葡萄牙商人通过非洲贸易获利的伦敦商人，加入了由英国第一个奴隶贩子约翰·霍金斯组建的投资财团。这位经验丰富的航海家背后的财务支持者包括大名鼎鼎的托马斯·洛奇爵士。他是一位成功的商人，也是当时的伦敦市市长。

虽然西班牙严禁未经许可的商人从事贸易，霍金斯还是成功地将自己第一次从奴隶海岸采购的奴隶非法出售给西属加勒比殖民地的种植园业主，为投资者创造了丰厚的利润。在后续的 32 年间，霍金斯继续从事奴隶贸易的同时，还以抢劫和其他形式打击西班牙及其商船舰队。他的表兄弟法兰西斯·德瑞克爵士有时也会加入他的探险活动。德瑞克是英国人心目中的英雄，被认为是继麦哲伦之后第二个完成环球航海的探险家。但他被在远海遇到过他的西班牙人称为“恶龙”。

德瑞克和霍金斯都属于历史上饱受争议的创业者，尤其是霍金斯，他很可能是英国奴隶贸易的发起者。在两个世纪的时间里约 11 000 次航程中，将近 350 万名非洲黑人被英国奴隶贩子运往美洲，还有另外 40 多万名黑人死在运输途中。随着英国的公司在加勒比海和当今美国东南部地区的殖民地不断扩大，他们在奴隶海岸的业务也持续壮大，英国的“三角贸易”应运而生，为具有创业精神的英国人、苏格兰人、威尔士人、乌尔斯特人和爱尔兰人（爱尔兰人参与较少）提供了各种获利机会。

三角贸易由三向商道组成。在殖民时期，所有从事奴隶贸易的欧洲国家都从事过某种形式的三角贸易。典型的例子就是，从欧洲港口满载纺织品、枪械或其他任何非洲畅销的制成品出发，到达奴隶海岸上的目的地后，用制成品交换奴隶，然后驶向美洲的奴隶殖民地。为了支付奴隶费用，殖民者会用奴隶种植园出产的棉花、蔗糖和烟草来作为交换，而这些物资都能在欧洲卖出高价。很多时候，这些三角贸易活动在三个交易点都能创造高额利润。

英国人变得如此擅长这种三角贸易，以至于后来在新英格兰殖民地从事非洲贸易的创业者建立了自己的三角贸易。这些英国移民操起了欧洲人的旧业，将新英格兰酿造的朗姆酒一路运到奴隶海岸，之后将新采购的奴隶运往英属加勒比殖民地交换糖浆，再把糖浆带回去制作更多的朗姆酒。霍金斯将奴隶贸易和海盗活动组合在一起，而这些同样带着投机主义的新英格兰殖民者，则将奴隶贸易和贩卖酒类组合起来。

三角贸易对英国本土的影响和对牙买加甘蔗种植园、弗吉尼亚棉花种植园及新英格兰酿酒厂的影响同样明显。殖民地的蔗糖、棉花、烟草和生产这些产品的非洲奴隶，共同搭建了大批英国人进入上流社会的阶梯，但社会经济阶级结构仍是英国社会的主要特征。

从阶级角度看，不成比例的殖民地财富，最终落入了上层社会手中。丽贝卡·弗雷泽在《英国故事》一书中写道："很多体面的英国商人家族，都借助这种便捷的三角贸易创造财富。"

即便是普通的店主和不太体面的中产阶级都参与了三角创业活动。他们向商船船长提供少量的贸易货物或资本，按比例换取利润。例如，已故加勒比历史学家及特立尼达和多巴哥前任总理埃里克·威廉姆斯在提及港口城市布里斯托尔时表示，早在 1685 年，"这座城市中几乎全部店主都曾坐船去弗吉尼亚或西印度群岛碰运气。"

殖民者的公司

和荷兰公司一样，英国股份制公司的财富和势力也具有传奇性。从 1600 年创立到 1771 年下议院通过《调整法案》，英国东印度公司在运营上的独立性令人惊讶。1757 年该公司占领印度的孟加拉后，根据股东大会上的投票结果制定了该殖民地的政策。当时，英国东印度公司的股东大约有 2 000 人，其中大多数都不是英国政府官员。

事实上，1600 年公司成立时，237 名股东中投资额不足 300 英镑的占 90%以上。这里的 300 英镑相当于 2015 年的 90 000 英镑，虽然金额不小，但足以吸纳英国商人阶层广泛参与。例如，最开始的认购记录中包括："尼古拉斯·巴恩斯利，杂货店主，150 英镑""拉夫·哈默尔，布料店裁缝，200 英镑""理查德·怀斯曼，金匠，200

英镑”“托马斯·斯迈思，男士服饰经销商，200 英镑”。

布莱恩·加德纳在编写英国东印度公司的历史时注意到，这些股东并不是“高贵的绅士”，而是“愿意冒险的城市普通店主和商人”，就像今天直接或间接对通用、丰田及其他大型企业投资 45 000 美元甚至更多的普通人。实际上，规模较大的股份制殖民公司，尤其是荷兰人和英国人管理的公司，无论是从优势还是缺陷来看，都类似于广大投资者所支持的现代大型企业组织。

公司董事主要由几位地位显赫的商人担任，其中包括托马斯·史密斯爵士。史密斯是一名精明的英国商人，被任命为英国东印度公司首任总督，之后也曾参与俄国的贸易。他最著名的事迹是建立了伦敦弗吉尼亚公司，该公司在日后英国对美国南部的殖民过程中发挥了重要作用。英国东印度公司的董事，除了包括史密斯和英国殖民创业活动的其他大人物外，还包括詹姆斯·兰开斯特。他是一名海商，也曾是海盗，在 17 世纪初曾亲自牵头英国东印度公司早期的探险活动。由于成员网络广泛，掌管英国东印度公司的创业者能以合理的条件筹集到所需全部资本。

今天，成功的大型企业和它们的说客在很多国家都掌握着相当大的政治势力。同样的道理，英国东印度公司的经济优势通常可以保证它的需求能从王室以及后来的下议院那里得到满足。该公司未来的董事在获得女王伊丽莎白一世正式批准之前就已经开始着手组建公司。加德纳对此评论道："这些商人明白，女王的准许只不过是个形式。"之后很多事件都印证了这些商人的信心。"从一定程度上讲，如果那些描绘东方贸易创造财富的故事中，有一半能成为现实，她（女王）就会获得巨额的关税。"

这些故事都成了现实。第一次探险后分配的利润，让最初 237 名股东的投资几乎翻了一番。前 12 次探险活动创造的平均回报出人意料地达到了近 140%。这些成功进一步扩大了股东群体，让英国东印度公司的股东得以筹集所需全部资金（相当于今天的上千万美元）。在大英帝国的扩张过程中，贸易公司、结算公司、生产企业等，都是依靠诸如哈德逊湾公司和皇家非洲公司这样的风投公司来融资的。

大多数大型公司都由追逐利润的商人和探险家建立、融资、管理，和今天的类似公司一样，它们的角色和影响力也因此引发了复杂问题。皇家非洲公司的股东可能是这些企业中最具争议性的，他们"只对能获利的进出口、海运和奴隶、堡垒和工厂感兴趣"。

这些追逐利润的公司实体影响并引导了英国的殖民项目，所以这些项目通常能通过一系列业务活动创造健康的财务回报。但对非洲奴隶、北美原住民和被不断涌入的廉价印度商品所冲击的国内制造商而言，英国的帝国主义印证了达尔文的理论。同时，随着另一群具有想象力的英国创业者迈上历史舞台，狄更斯笔下的故事也将拉开序幕。这些生动的角色，全球工业革命背后的指挥者，就是下一章的重点。

第 7 章

英国的工业革命：成就非凡的指挥者

无论对自身的本性，还是所有其他事物的本性，人都有义务去修正它，而不是遵从它。

——约翰·斯图尔特·密尔

奥地利经济学家约瑟夫·熊彼特曾说：“无创新，便无创业者。”当然，不同商业活动涉及创新的程度不同。创业活动不一定要涉及崭新的产品或服务才算创新。例如，第 6 章探讨的欧洲那些公司的董事，虽然从事的不是以技术为导向的业务，也算常见的创新者。从融资到发掘获利机会，他们的创造力是传奇性的。事实上，考虑到“创新”这一说法源自拉丁语，是“创造新东西”的意思，那么在全球偏远地区建立新商道和生产中心的做法，自然也算得上创新。

在工业革命之前，严谨的科学探究很少与创业活动直接产生交集。在最初的工业革命（发生在英国、于1760—1830年的70年间达到顶峰的工业革命）期间，这两个领域以前所未有的方式结合在了一起，孕育出一系列突破性实用创新。这些创新刺激了多个已有产业，也创造了众多新兴产业。

英国的创新氛围

在17世纪，通过艾萨克·牛顿、罗伯特·波义耳和其他人的努力，弗朗西斯·培根的科学方法在英国掀起了一场知识复兴运动。在欧洲大陆，约翰尼斯·开普勒和尼古拉斯·哥白尼等科学家也为科学革命做出了重要贡献。但毫无悬念的是，融合了创新和创业活动的工业革命，专指发生在英国的那场工业进步运动。

到18世纪初，受过教育并拥有探究精神的科学人士遍布中西欧地区。但将这些实用理念概念化并后续开发成新产品和新工艺，需要的绝不仅仅是脑力。现代创新专家汤姆·凯利和乔纳森·利特曼在提及21世纪公司时经常强调“培养创新文化”的重要性。在18世纪的英国，这种文化是通过施行有效的政治、法律和经济政策而培养起来的。

需要注意的是，提到决策制定，自1688年起，英国君主制的实权就掌握在议会手中。因此，和法国这样的君主专制国家不同，英国的政策由选举代表组成的机构制定，而不是国王或王后。英国议会一般积极推广科技与商业，因此对创新者和创业者给予了超乎寻常的自由。而在欧洲其他一些国家，创新者必须先将自己的理念提交给皇室审批，而且发明人对理念的所有权通常不被认可，更不要提将实际应用发展成产业的权利了。

英国政府最早向发明人授予专利。整体而言，因为法律和政治制度相对稳定，英国对待创新创业者①比欧洲大陆更公平。同时，18 世纪的英国社会，随着帝国的不断扩张，积聚了大量财富，很多雄心勃勃的实业家都在给手中的剩余资本寻找国内外的新投资机会。英国到处穿梭着这种投资者和发明创业者②。其中有些人是在英国皇家学会或伯明翰月光社等正式场合会面，但大多数会面还是发生在咖啡馆和其他非正式场合。

在 18 世纪的英国，实用科学的进步为具有创业精神的创新者提供了改变自身社会阶层的机会，其中很多人都是财富有限的全职“工匠”。《曼彻斯特信使报》的一位记者在 1784 年写道：“大多数发明和改进，通常都由卑微阶层的人民实现。”实际上，正是英国社会“卑微阶层”的发明和创新，才为工业时代铺平了道路。

这种开放的、“不论阶层”的创新环境在 18 世纪的欧洲并不常

---

①② 这里的创新创业者与发明创业者都是指通过技术和工艺的创新发明来进行创业活动的人。——译者注

见。即便在 17 世纪的英国，实验科学也“换不来什么好处”。正如历史学家威廉·罗斯所述，实验科学“仍主要是有其他收入的群体的活动”。英国鼓励甚至是资助实用科学，也就是磨坊主、织布工、铸铁匠和其他手艺工匠的科学。英国人的智慧不是重新塑造，而是重新创造了英国、西欧和美国的工业格局。

生产力爆炸

我们在生活中早已对工业革命的成果习以为常，因此很难体会到这场革命带来了怎样巨大的改变。18 世纪末技术进步之前和之后英国人生活的强烈反差，完美地体现在一本关于勒德分子（坚决抵制工业革命的纺织工人）的著作《未来的反叛者》一书中。柯克帕特里克·塞尔在书中描写了英国西北沿岸兰开夏郡小镇的棉布制造业发生的巨变。

琼斯对 1780 年工业革命主要创新普及之前的场景描绘如下：

> 织布工的作坊就是乡间小屋。当他厌倦了久坐劳动时，可以遛到小花园里待会儿……用作纬纱的棉绒由年幼的孩子挑拣干净，由大一点儿的女孩在妻子的指导下梳理并缠好，而纱线则是他本人在儿子的帮助下织好的……一个熟练的纺织工能跟上家中 3 位女性同时工作的节奏。

34 年后，同一个小镇的棉布制作已经从农家作坊发展成了工业企业：

> 每家工厂的一侧都耸立着冒着滚滚黑烟的大烟囱，说明配备了大功率的蒸汽机。烟囱排放的烟形成了大块的云……为节省工钱，工厂安装了珍妮纺纱机，一个大人带着两个孩子就能看顾好至少 600 个纺锤……在大型纺织厂里，各种各样的机器林立，就好像军队列阵一样。

1790 年前后，第一台完全靠蒸汽驱动的纺织机投产。到 1830 年，英国已有超过 10 万台这样的纺织机。塞尔写道："当时，一个人就能完成工业革命前需要两三百人才能完成的工作。"除了纺织业外，工业革命还改变了其他生产领域。例如，1700—1800 年，英国煤炭年产量增长了 3 倍，铁产量增长了 4 倍以上。

凭借技术的领先地位，英国的生产力增幅超过了大西洋两岸的所有竞争对手。因此，尽管英国与刚获得独立的原殖民地美国之间存在政治分歧，但直到 18 世纪末，已经成了独立国家的美国，从"英国兵老家"所购买的产品数量，远超殖民地时期。英国凭借无与伦比的生产力及其背后的惊人创新，发展为著名的"世界工厂"。像今天的史蒂夫·乔布斯和比尔·盖茨一样，工业时代早期英国一些伟大的创新创业者是科学界与商界的巨人。

各时期的生产先锋

亚伯拉罕·达比

无论从技术还是纪年的角度来看，生于1677年的亚伯拉罕·达比的成果，都标志着工业革命的开端。达比的人生也值得讨论，因为从某些角度来讲，他为之后几十年手举工业革命火炬继续前进的英国创新创业者设定了“模板”。如前文所述，英国工业革命的主导力量，主要来自工匠阶层——他们一般被视为社会中不体面的“中间阶层”。

经济学家伊斯雷尔·柯兹纳在《竞争与创业活动》一书中写道，平衡是创业者的天敌。由此可以推断，最愿意打破平衡（社会、科技或其他方面的平衡）的，是那些从现状中获益最少的人。因此，像从古罗马到20世纪的美国出现的众多社会创意一样，英国的工业革命从很大程度上看是不循常规者和被社会排斥者孕育的产物。

达比最初给伯明翰的一个麦芽粉碎机制造商当学徒，之后于1698年开创了自己的事业。当时，粉碎麦芽（一般是发芽大麦）是为了酿造酒精饮料，而麦芽粉碎机是用黄铜制作的装置。在用黄铜制作了6年麦芽粉碎机和各种各样的炊具后，达比开始考虑用铸铁代替黄铜。达比带着这种好奇心开始试验炼铁工艺。他的成果，远不止创立了浸会米尔斯黄铜厂并获得 4 个教友的种子资本投资（以换取合伙人股份）这么简单。

当时的困难在于，炼铁使用的是烧木炭的锅炉，木炭是由木头加工而成的，而木材在英国的供应量有限。在观察到炼铜过程中使用的燃烧温度更高、资源更丰富的冶金煤之后，达比考虑尝试在炼铁中使用炼焦煤这种燃料。但是，他很快就发现，虽然自己的理论很成熟，仍然需要克服一系列的技术挑战，才能让使用炼焦煤炼铁成为具有可持续性的工艺。于是，他继续发挥自己的聪明才智，并在一个初级员工的帮助下通过在砂子中镕铁完善了焦煤工艺。1708 年，达比为这一工艺申请了专利，现代钢铁工业就此诞生。

达比很快就出售了黄铜厂，因为他最初的合伙人对这个无畏的发明人涉足铸铁这一未知领域越来越不安。达比是一位无法阻挡的创业者，他出售了股份后就开始组建之后的布里斯托尔钢铁厂。达比的新工厂选址于西米德兰兹郡一个叫煤溪谷的村庄，这一地区的焦煤易开采且产量大，具有得天独厚的地理优势。工厂最开始制造铁锅和各种小型器具与工具。因为焦煤冶炼法效率更高，所以铁器的制造成本低于铜器，而且兼具铜器的坚固程度和造型。

但达比直到几年后才拿到利润丰厚且具有历史意义的合同：1712 年，布里斯托尔钢铁厂受委任为“纽科门蒸汽机”（第一台成功地用于矿井抽水的蒸汽机）制造 6 英尺长的矿用泵发动机汽缸。这类发动机直接催生了工业时代最具标志性的发明创业者詹姆斯·瓦特的成果。另外，虽然炼焦煤在炼铁工业中的应用提升了对炼焦煤的需求，但随着抽水机的出现，对木炭和炼焦煤两种的使用都更广泛了。

虽然托马斯·纽科门并不是第一台蒸汽机的发明者，但他的发明是最早的能有效降低矿山透水事故发生率的发动机。透水是深层开采最严重的风险之一。而随着表层煤炭的供应量逐渐减少，深层开采变得日益必要。达比于 1717 年去世时，已经积累了一定的财富。到 1758 年，达比和他那子承父业的儿子亚伯拉罕·达比二世一共生产了 100 台蒸汽机汽缸。亚伯拉罕·达比三世于 1779 年协助建造了世界上第一座铁制桥梁，将达比的成果传承了下去。达比三世去世后，布里斯托尔钢铁厂还完成了其他几项突破性项目，包括世界上第一台火车动力机。

托马斯·纽科门的发明

回顾历史，自古罗马时代以来，托马斯·纽科门是第一个在蒸汽机这个领域进行发明创造的人，他的成果为工业领域带来了真正的价值。因此，和亚伯拉罕·达比一样，纽科门的发明（尤其是 1712 年推出的商用蒸汽机）也为他去世后掀起的工业革命奠定了基础。纽科门于 1661 年出生在英国西南部达特茅斯的一个浸信会教徒家庭，他是一个很有意思的人物。他将自己的时间分配在两件事上：不是在认真做铁器，就是在热情地布道。也许，他和达比一样，从小在新教（不信奉英国国教的一个分支）环境中长大，使得纽科门具有蔑视传统并思考新理念和新方法的意愿。

他正是以这种态度来面对他做铁器商时遇到的困难的。由于他从事的生意是专门为快速发展的采煤行业制作铁制工具，所以纽科门有很长时间都待在各种各样的矿区。他发现，依靠畜力的抽水装置效率有限，除了将牲畜作为动力来源存在不确定性外，这些抽水装置的抽水深度只能到 30 米，这意味着大量的煤矿都无法开采并加以利用。因此，从 1701 年开始，纽科门带着自己的助手约翰·考利（一名职业管道工）尝试了不同的设计方案，以制造高效的蒸汽动力水泵。

在纽科门之前，最先进的水泵模型由托马斯·塞维利于 1698 年申请了专利。塞维利是英国人，他的发明受到了 17 世纪法国物理学家丹尼斯·帕潘的科学研究的启发。塞维利的水泵有很多局限，不具有稳定的有效性。但他的专利范围如此广泛，以至于纽科门无法绕过他获得专利。因此，1708 年全球第一台获得商业成功的蒸汽机的专利，将考利和塞维利列为联合发明人。纽科门和考利经过 10 年以上的实验，终于在 1712 年推出了纽科门蒸汽机，这种蒸汽机以煤炭烧水后形成的蒸汽为动力。

因为塞维利的机器受蒸汽压力的局限而功率有限，所以纽科门单缸蒸汽机的活塞向上运动靠蒸汽压力，向下运动靠空气涌入真空时所产生的更强大的气压。新蒸汽机无论从功能设计还是工业用途的角度来看，都意味着超乎寻常的大飞跃。一台纽科门蒸汽机的抽水量，相当于 20 台靠畜力的水泵，而且其抽水深度能达到几百米。虽然纽科门蒸汽机耗煤量巨大，但由于能挖掘到几乎取之不竭的矿产，这种蒸汽机成了英国各地采矿的标配抽水装置。到 1729 年纽科门去世时，已有 100 多台纽科门蒸汽机投入使用。

詹姆斯·瓦特和马修·博尔顿的成就

詹姆斯·瓦特是第一位“超级巨星”级的发明创业者。与他齐名的包括托马斯·爱迪生、亨利·福特和史蒂夫·乔布斯。这些人物都是各自领域的名人。人们之所以崇拜他们，不仅是因为他们在技术上的智慧，而且因为他们为自己的突破性发明开发出了利润丰厚的庞大市场。事实上，他们也是少数几个以商业天才和技术天才的身份赢得声望的名人。

人们用“瓦特”这个不朽的名字来命名一个测度能量的基本单位，瓦特是最早提出能量度量概念的人，尽管对于他的历史地位仍存在争议。不过，从整体商业成功以及为实现市场吸引力最大化定制产品的角度来讲，很多荣誉应该归功于他长期的财务投资者和业务合伙人——马修·博尔顿，虽然很少有人记得这个名字。另外，从技术角度讲，有人会怀疑同时代的发明人中，是谁完成了最重要的突破。但无论是否公平，詹姆斯·瓦特的名字都代表了英国的工业革命，这是毋庸置疑的事实。

詹姆斯·瓦特于1736年出生在格拉斯哥附近的格陵诺克小镇，他的家庭属于苏格兰长老会誓约派。这个教派是长老会的分支派系，以虔诚和反叛精神著称，在17世纪的教派斗争中曾受到宗教迫害。和贵格会、浸信会一样，誓约派也是不顺从英国国教的宗教派系。瓦特的父亲销售船舶装备，也修理航海仪器。在成长过程中，瓦特有很长时间都待在父亲的作坊里，对这些仪器的构造以及修理方式非常着迷。因此，18岁成年时，瓦特开始了自己的学徒生涯，之后又在格拉斯哥和伦敦当上了精密机械工程师。

做学徒时，瓦特就已经在手工设计和制作各种科学仪器方面展现出了非凡的天赋。结束伦敦的学徒生活回到格拉斯哥后，当地的行会认为他接受的培训不够，所以禁止他在市内开设店铺。瓦特不得不另寻出路，于是他在1757年与格拉斯哥大学签订了合同。他为大学提供一些仪器制造和修理服务；作为交换，学校允许他在校园里经营一家小门店。凭借这份差事，之前从未在高等教育学院正式求学的瓦特，可以直接学到最新的技术和理念。

更巧的是，他所结交的科教人员正专注于蒸汽机的发明。他们的微缩版纽科门蒸汽机发生故障时，就会拿到瓦特的店铺修理。面对纽科门 1712 年的这项突破性发明，瓦特不得不着手研究蒸汽机，之前，他应付的都是小型科学仪器。虽然纽科门蒸汽机的实用性给瓦特留下了深刻印象，但他同时注意到机器结构上的效率缺陷。和父亲一样，瓦特也热爱发明，于是他开始着手解决这些问题。随着时间的推移，他改良的蒸汽机与纽科门蒸汽机有了显著的差别，可以独立命名为瓦特蒸汽机。

在瓦特看来，纽科门单缸蒸汽机最明显的效率缺陷就是蒸汽机需要先冷却，然后重新加热以发生冷凝反应。瓦特认为这个先冷却再重新加热的过程浪费了大量蒸汽，于是他设计了双缸蒸汽机，将能量留存在一个汽缸里，让冷凝在另一个汽缸里发生。但在当时，瓦特的改良只在微缩版模型上获得了成功。为了展示这一发明的工业价值，这位年轻的发明人需要建造一个真正的蒸汽机。

问题是建造这种大型设备需要大量资金，这是瓦特无法承担的。事实上，即使他之前的小型试验，也是靠一位教授朋友提供的贷款进行的。幸运的是，瓦特的发明引起了约翰·罗巴克的兴趣。罗巴克是苏格兰爱丁堡附近一位富有的铁器厂业主。更重要的是，他本身也是一名创新者，早年完成过很多有关硫酸的重要试验。因此，罗巴克兼具了商业和科学背景，这使他认可了瓦特的发明及其潜在工业价值。

于是，罗巴克在 1768 年资助瓦特继续研发蒸汽机，以换取瓦特首个专利 2/3 的份额（专利于次年发放）。当时，瓦特已经离开了校园，当上了土地测量员，为日益扩大的英国运河系统的苏格兰部分规划路线。瓦特蒸汽机的理论工作已经完成，但商业化进程极其缓慢，直到 18 世纪 70 年代中期。1772 年，由于铁器厂效益不佳，罗巴克宣布破产，将瓦特专利的份额出售给了马修·博尔顿。博尔顿是一位小规模玩具制造厂业主的儿子，他成功地扩展了父亲的事业，参与了利润更高的项目。他几年前通过英国伯明翰的月光社结识了瓦特。

月光社是一个不太正式的组织，成员每个月都会在伯明翰见面。像本杰明·富兰克林和伊拉斯谟斯·达尔文（查尔斯·达尔文的祖父，著名的知识分子）等名人都会参加月光社的集会。达尔文给博尔顿写信抱怨自己不能参加下一场月光社集会时说道："天啊！关于修辞学、玄学、机械学和烟火装置的想法，都像长了翅膀，像羽毛球一样在一个又一个思想者（在 18 世纪的英国，思想者相当于今天的知识分子）之间来回传递。"到 1775 年，瓦特已经搬到伯明翰并成立了博尔顿与瓦特工厂，这是一家专门制造瓦特蒸汽机的工厂。同时，他也成了博尔顿身边最重要的"思想者"。

按照历史学家阿萨·布里格斯的说法，瓦特和博尔顿的传奇组合是"技术创业者和商人的经典结合"。博尔顿与瓦特工厂成立一年后，已有不少业务——在英国西南部的“锡村”矿山安装排水蒸汽机。但博尔顿不停地为瓦特的发明争取更大、更赢利的市场。他鼓励他的这位合伙人改造蒸汽机，以便能将其应用于排水以外的其他用途。在 1782 年，瓦特的双动式蒸汽机问世。瓦特对蒸汽压力释放和阻塞机制及附带的冷凝器进行了巧妙的改造，蒸汽动力不仅用于将活塞压下，还用于将其推起。

另外，瓦特还通过行星齿轮装置等其他几项创新将活塞上下运动的模式改变为循环模式。至此，改造后的瓦特蒸汽机完全可以取代水车和风车。因此，英国各地的纺织厂和造纸厂很快都安装了瓦特的设备，它们的生产力因此经历了革命性的飞越，对博尔顿与瓦特工厂产品的需求也随之不断增长。

和所有伟大的创业者一样，两位合伙人也关注客户的需求。例如，有些纺织厂发现，用于带动多个织布机的蒸汽机的速度会忽快忽慢，需要靠人力来稳定。针对这些抱怨，博尔顿要求他的合伙人在下一代蒸汽机中解决这个问题。瓦特因此发明了飞球调速器，这个装置利用离心力原理来自动调整蒸汽机的速度，是瓦特最巧妙的发明之一。

到 1800 年，整个英国有 500 多台博尔顿与瓦特工厂出产的蒸汽机投入使用，两个人因此而暴富。事实上，到 1790 年，瓦特已凭借自己的专利赚取了超过 75 000 英镑。这个数字很惊人，相当于今天的 7 亿多美元。因此，到 1800 年，出身《曼彻斯特信使报》所描述的“卑微阶层”的瓦特和博尔顿，按照今天的标准都成了亿万富翁。中产阶级殖民商人确实不难进入上层社会，但暂约派仪器制造商和玩具厂厂长儿子的显赫财富，证明了在工业革命化的进程中，英国的发明创业者同时也重塑了英国社会。

詹姆斯·哈格里夫斯和他的珍妮纺纱机

瓦特和博尔顿提供了高效而规范的自动化动力，为 18 世纪后半叶棉纺工业生产力猛增做出了重要贡献。但在瓦特申请首个专利之前，棉纺工业就已经发生了变革。从 1764 年开始，随着一系列创新的问世，纺织业从低效的劳动力密集型专业转变为具有机械化流程的专业。

就像蒸汽机从塞维利相对原始的设计一步步升级到最终版本的瓦特蒸汽机，棉纺工业的机械化同样也是循序渐进的。正如凯利和利特曼在 2005 年的经典之作《创新的十个面孔》中所述：“创新者要创造、要试验……要立足新理念……”工业革命时期棉纺技术的进步强有力地印证了技术进步是一个循序渐进的过程。另外，革新过程中三位领先的创新者（詹姆斯·哈格里夫斯、理查德·阿克莱特和塞缪尔·克朗普顿）的财富状况变化，也从很大程度上揭示了才智和物质成功之间的微妙联系。

詹姆斯·哈格里夫斯于1720年出生在英格兰西北部奥斯瓦尔德特威斯尔村附近的一个农场。和工业革命的其他奠基者一样，哈格里夫斯的出身也并不尊贵。尽管出身贫寒，也从未受过教育，但哈格里夫斯在大胆的创造性思维方面很有天分。成人后，他在附近的斯坦希尔村当手工织布工。和常见做法一样，他让孩子们用纺车将棉花纺成纱线。之后，他和妻子再用手工设备将这些棉纱线纺成织物。哈格里夫斯对这些工作的局限性很失望，于是开始着手解决传统纺车和手工织布机工艺的各种问题。

最后，他通过实验发明了“梳棉机”，实际上这就是一个布满管线的木制板凳，用它来梳理棉纱，效率要比之前高很多。哈格里夫斯更著名的发明，是珍妮纺纱机。这种机器的原理是提高纱锭的效率。之前，纱锭都是竖直放置的。而哈格里夫斯将纺织机水平悬挂，这样可以让八只竖直放置的纺锤同时旋转。此前大约30年，英国手工织布机制造者约翰·凯利用一种叫“飞梭”的装置将棉纱的生产效率成功翻倍，但哈格里夫斯的创新则完全达到了另一个高度。

珍妮纺纱机大幅提高了生产力。因此，有人认为1764年珍妮纺纱机的发明，标志着工业革命的正式开始。瓦特信奉的是“对工程师而言，没有专利就意味着没有价值”。哈格里夫斯虽然聪明，却没受过教育，因此他对专利的重要性缺乏充分认识，直到1770年才开始申请。他的发明很快传播开来。在哈格里夫斯获得专利前的几年间，英国北部有很多工匠都仿制了他的发明。因此，这位出身卑微的手工纺织工从未因这项具有历史意义的发明而获得大笔财富。

他得到的只有这一地区手工纺织工的仇视。当哈格里夫斯在 18 世纪 60 年代中期开始建造并出售自己的发明时，这些纺织工预感到了威胁。冲突于 1768 年爆发，最早的勒德分子成群涌入哈格里夫斯的住宅，并破坏了他的作坊。哈格里夫斯担心家人的安全，于是带领家人离开斯坦希尔村，远赴英国东米德兰兹地区的诺丁汉城。可能是为了回避过去的争议，哈格里夫斯和本地人托马斯·詹姆斯建立了新业务。他们共同开办了一家工厂，不再销售珍妮纺纱机，而是利用高效的设备来纺织用于织袜和其他纺织品的纱线。

同时，作为永不退缩的创新者，哈格里夫斯继续改良珍妮纺纱机，并收获了惊人的成果：一台纺纱机上配置的纺锤数量，从之前的 8 个增加到 120 个。到 1778 年哈格里夫斯去世时，英国纺织业使用的珍妮纺纱机约有 2 万台。虽然他的发明产生了深远影响，但哈格里夫斯从未获得巨大的商业成功，去世时也没什么积蓄。尽管哈格里夫斯具有创业精神，但他不急于申请专利的态度说明他虽然有发明的天分和抱负，却缺乏商业头脑。从这个方面讲，他和理查德·阿克莱特正相反。后者虽然在技术发明上不及哈格里夫斯，但在商业上却异常精明。

理查德·阿克莱特的商业谋略

和哈格里夫斯一样，“棉纺工业三人组”中的第二位发明创业者理查德·阿克莱特（见图 7－1）也出生在英格兰西北部的一个贫困家庭，也从没上过学。他生于 1732 年，父亲是普勒斯顿的一个裁缝。他家里一共有 13 个孩子，根本没有余钱来支付教育费用。但和哈格里夫斯不同，阿克莱特并不是文盲。一位表兄教会了年轻的阿克莱特读写，这一技能在他接下来的人生中被证明是不可或缺的。

阿克莱特的职业轨迹具有鲜明的工人阶级特色。他从理发师的学徒干起，在 18 世纪 60 年代初期开办了自己的理发和假发制造业务。虽然生活环境恶劣，但这个年轻人的创业和创新精神很快就展露出来。他试验采用不同配方给假发染色。在发现了防水配方后，他马上就申请了专利。和不着急保护自己知识产权的哈格里夫斯不同，阿克莱特能充分认识到专利法在利用发明创收方面的作用，有时候他的这种意识甚至有些过于强烈。

凭借在染发剂方面的成功，阿克莱特的假发生意蒸蒸日上，第一次创业经历让他获利颇丰。历史学家谢泼德·克劳夫对阿克莱特的描述是“具有独到的眼光，总能发现机会多赚一便士”。很快，阿克莱特就将目光投向更大型的业务。在 18 世纪 60 年代中期，他去英国西北部的另一地区出差时遇到了棉纺工业化历史上的第二个约

图 7-1　理查德·阿克莱特

翰·凯（第一个约翰·凯发明了飞梭）——沃灵顿镇的一位钟表匠。

凯受到了哈格里夫斯珍妮纺纱机的启发，尝试制造能配置更多纺锤并以水力为动力的纺纱机。但根据之后针对阿克莱特发起的法律诉讼中提交的证据，凯可能还有其他灵感来源。附近小镇上有位叫托马斯·海伊的发明家，声称自己在阿克莱特申请纺纱机专利的前两年就曾雇用凯制造类似的机器。海伊控告阿克莱特故意与凯合伙窃取了他的发明。经过数年的法律诉讼，法庭在 1785 年宣布阿克莱特对纺纱机的专利权无效。

虽然围绕专利问题存在争议，但阿克莱特带着巨大的热情、市场意识和智慧，充分利用了他对这一发明“暂时”的合法权益。阿克莱特于 1769 年提交了纺纱机专利申请，因此拥有制造能同时操作近 100 个纺锤的纺纱机的独家权利。更重要的是，和珍妮纺纱机不同，经过重量和位置上的改造，每个纺轮的旋转速度都比之前的更快。这一巧妙的设计能迅速将棉纤维拉直，然后将其织成强韧的线。这种纺纱机不仅能在之前珍妮纺纱机的基础上让纺锤数量翻倍，同时能将原棉直接转化为纱线，是更全面、更高效的纺织工具。

但阿克莱特在雇用凯和其他工人制造纺纱机的过程中意识到，这么庞大的设备，很难按最初的设想以人手或人脚为动力。事实上，即便畜力也远远不够，其稳定性也存在问题。针对这个问题，阿克莱特和他的工程师设计了一套解决方案，这套方案可能比精心设计的纺纱机本身更重要。这个团队决定利用水车来为这个多纺锤装置提供动力，无须利用人力或畜力，就可以纺出大量的棉线。

水车利用流动的河水推动轮子旋转，进而为纺织过程提供动力，这一技术自古罗马时代以来就已经在欧洲使用。事实上，在 18 世纪 70 年代之前，英国各地的面粉厂、锯木厂和各种工厂都利用水车来节省人力。但将水车的速度和动力用于纺纱工业是具有革命性的新理念。阿克莱特将这一设备命名为“水力纺纱机”。到 1771 年，他已经和两位初级合伙人杰迪戴亚 · 斯特拉特和塞缪尔 · 尼德一同开创了这项业务。他们共同创办了克劳姆弗德工厂。该厂是世界上第一家以水力为动力的纺纱和针织工厂，以其所在地的村庄名来命名。

继克劳姆弗德工厂之后，米德兰兹地区（包括东米德兰兹和西米德兰兹）、英格兰西北部和更北部的苏格兰，都建立了合伙制的大型工厂。阿克莱特是这一新工厂制度背后的指挥者，而这一制度给英国社会的工作、生活带来了革命性变化。在 18 世纪 80 年代，阿克莱特积极利用瓦特的蒸汽机，不仅提升了工作效率，同时也打破了在河边建厂的地域性限制。从技术的角度来看，从纺纱到梳纱再到动力来源，阿克莱特的工厂都算得上英国工业革命的典范。

另外，阿克莱特雇用上千名工人在工厂以高度结构化、协作化的方式轮班工作（和在家完成的计件工作形成对比），并设计了相应的制度，以最大限度榨取工人的生产能力。按照英国作家比尔・麦克古尔的说法，这种批量生产的新现象，“无论从规模还是重要性来看，都能媲美 8 000 年前从狩猎-采集过渡到农业化定居的经济模式大转型”。阿克莱特积累了大量财富，于 1792 年去世。在去世的前几年，他曾经夸口，自己的财富足以偿还英国的国债。但与此同时，成千上万的英国人被迫放弃了自己的手艺，永远离开了世代居住的村庄，到城市的工厂工作。虽然从长期看工业化确实提高了人们的整体生活水平，但对很多人而言，这都是一个痛苦的改变。

塞缪尔・克朗普顿的骡子纺纱机

塞缪尔・克朗普顿于 1753 年出生于博尔顿镇，是从英格兰西北部走出来的又一位伟大的创新者。但和哈格里夫斯及阿克莱特不同，克朗普顿幼时的家境并不贫寒，他甚至还上过走读学校。另外，克朗普顿也是这个时代少数几个出生在信奉英国国教的家庭的著名发明创业者。但他的父亲是个农民，所以他也绝对算不上生于特权阶层。由于父亲早逝，这位发明家的童年生活相当艰辛。他的母亲虽然出色地维系了亡夫留下的黄油、蜂蜜和果酒生意，却经常无缘无故地打骂听话的塞缪尔——“出于对他的深爱”。

完成基础教育后，母亲坚持要求 16 岁的克朗普顿每天都要待在家里织出一定量的棉线，以帮助家里维持生计。在用了 5 年的珍妮纺纱机之后，这个年轻人相信自己能设计并制造出更好的纺纱机。当然，这个项目需要购买各种材料和工具。于是，这个有音乐天分的年轻人拿着自己制作的小提琴晚上在交响乐团演奏。在接下来的 5 年中，他所有的表演收入和大部分空闲时间，都被用来打造这台新机器。克朗普顿提及人生的这个阶段时写道：“我的心思，就是不断地发现更完美的纺纱原理。”

1779 年，克朗普顿已经完成了“骡子纺纱机”的样机。这种纺纱机结合了哈格里夫斯的珍妮纺纱机和阿克莱特的纺纱机的优点，其最突出的优势就是纺出的纱线的质量更好。骡子纺纱机生产的细纱线先绷紧再缠绕，价格比其他机器生产的粗纱线高 1 倍以上。但遗憾的是，克朗普顿并没有意识到这一改善纱线质量的创新可以给他带来如何巨大的财富。

克朗普顿也承认“自己没什么心计，不善于对付复杂世界中的其他人”。因此，当他发现自己没钱申请专利时，他没有尝试寻找合伙人来提供资金，而是天真地“将骡子纺纱机馈赠给大众”。他当时以为，每个骡子纺纱机的使用者都会主动一次性支付一笔费用，正如 55 位制造商在信中向他承诺的一样。但大多数制造商并没有履行承诺。遗憾的是，克朗普顿的小型纺纱业务并没有大获成功，众多机器制造商和大型棉纺厂倒是通过他的无专利发明获益良多。

1811 年，克朗普顿获得了英国议会颁发的 5 000 英镑奖金，作为对这位并未获利的伟大工业发明家的补偿。当时，整个英国有 400 万台骡子纺纱机——其中大多数都是克朗普顿发明的自动化蒸汽纺纱机——生产英国最精细的棉布。克朗普顿是一个永不停歇的创业者，他利用这笔专利费建立了几家和棉布相关的工厂。但遗憾的是，没有一家获得经济上的成功。直到 1827 年去世，克朗普顿一直都生活拮据。

这三位纺纱行业的发明创业者中，唯一一位飞黄腾达的是阿克莱特，虽然他申请了专利，但具有讽刺意味的是，他可能并不是纺纱机的真正创业者。虽然保护创意也很重要，但艰难度日的哈格里夫斯和克朗普顿与财富足以偿还英国国债的阿克莱特之间形成的鲜明对比，蕴藏了更深远的意义。简而言之，这是另一个警世故事，说明伟大的创意即便被成功地付诸实践，也未必能保证创业活动一定成功。管理学家汤姆·彼得斯告诫我们："每项创业活动，都应该平衡系统和基础设施……并发明新系统和设施。"或者换言之，要在创新和执行之间寻求平衡。阿克莱特深谙这个道理。

乔赛亚·韦奇伍德：最早的广告狂人

制陶大亨乔赛亚·韦奇伍德是工业革命时期另一位在将创意变现方面具有非凡天赋的先驱者。这位18世纪的英国创业者，其姓氏仍出现在世界各地的瓷器套装上。他不仅是一位出色的产品制造业的创业者，同时也是历史上最有创意和效率的营销者。美国电视剧《广告狂人》介绍了20世纪60年代纽约麦德逊大道上企业广告的缤纷世界，经常强调广告公司的高管如何虚构产品寓意，以利用消费者的社会憧憬卖出商品。韦奇伍德深谙此道。从某种程度上讲，他在200年前，也就是18世纪60年代，就已经开创了这种策略。

韦奇伍德于1730年出生在西米德兰兹地区的伯斯勒姆镇，被新教徒养大。值得注意的是，韦奇伍德的父亲托马斯生于陶工世家，其家族100多年来都以制陶为生。韦奇伍德9岁时，托马斯去世了，因为生活窘迫，幼小的韦奇伍德不得不参与制作陶器。他对这门技艺很有天分。到1744年，韦奇伍德已经是兄长的学徒了。又过了8年，急于独立的乔赛亚·韦奇伍德离开了家族企业，和同地区的另一位陶工建立了短暂的合作关系。很快，在 1754 年，他开始与托马斯·威尔登合作。威尔登是英国最受尊重的陶艺家之一。和这位高水准的陶艺家合作，进一步提升了韦奇伍德对这门技艺的认识。

正是在这段合作期间，这位年轻陶艺家的发明天分开始显露出来。最重要的是，他发明了一种品质更佳的绿釉，上这种釉的瓷器一直流行到 19 世纪末期。韦奇伍德为自己逐渐显露的智慧所带来的独特机会而兴奋不已。因此，在和威尔登合作 5 年后，韦奇伍德开始独立创业。他很快就开始制作米白色的精美的瓷器餐具。1765 年，他将一套米白色瓷器卖给了夏洛蒂王后。这位陶艺创业者非凡的创造天分已经结出了累累硕果，而他的营销天赋很快让乔赛亚·韦奇伍德这个名字家喻户晓（见图 7-2）。

图 7-2　乔赛亚·韦奇伍德

英国的国内生产总值在18世纪翻了一番。到19世纪初期，英国人均国内生产总值比欧洲大陆的任何国家都要高。虽然这种增长在英国内部并不平均，但受影响的不仅是英国的上流社会。正如英国历史学家保罗·兰福德所述，这个时代的“统治精英”似乎生活在炫耀性消费的洪流中，但“中产阶级的生活水平也有了相对微小但却稳步的提高”。

同时，正如简·奥斯丁在《傲慢与偏见》及其他小说中所描述的一样，18世纪的英国仍沉迷于阶级制度。很多中产阶级新富急于利用不断增长的可支配收入来变得更加“体面”。在18世纪60年代初期，韦奇伍德赢得了王后以及显赫的英国贵族的青睐。他知道，自己具备良好的条件，可以利用中产阶级不断加强的“变体面的愿望”来赚钱。托马斯·班特雷也持有同样的想法。他在1768年成了韦奇伍德的合伙人，两人的合作关系一直保持到1780年班特雷去世。

他们集体智慧的第一次迸发，就是将韦奇伍德与班特雷公司的新产品系列命名为“王后御用瓷器”，专门面向中产阶级中一心向上爬的人。为了进一步强调尊贵气质，公司所有的资料上都自豪地宣称，韦奇伍德是“御用陶艺家”，同时也会提及约克公爵等贵族客户的名字。在19世纪，广告历史学家杰克逊·李尔指出，“对自身进行魔法般的改造”是这个世纪“狂欢式广告传统”的“重要元素”。

早在 18 世纪，韦奇伍德与班特雷公司已经开始兜售“自我改变”的概念，从某种程度上该公司是这一传统的缔造者。

也许正是由于这个原因，公司才积极参加巡回市集。这种市集拥有马戏团一样的氛围，除了传统商品之外，还有异域风格的“治疗方子”和古怪的卖艺者。这种巡回市集从英国城市一直开到里昂和莱比锡等欧洲大陆的繁华都市，因此能提升韦奇伍德与班特雷公司的国际形象。同时，两位合伙人在英国还引入了更加新颖的营销理念：他们在以时髦著称的英国西区开设了一家奢华的大型门店，这是世界上第一个展示门店，推动了国内销售额显著提升。

韦奇伍德与班特雷公司开创的其他创新营销策略还包括直接邮寄广告，“王后御用瓷器”主要采取这种方式推广。事实上，这种策略大获成功，以至于直接邮寄广告自此成为主要广告形式，带动邮局（以及后来的心理健康产业）繁荣了 200 多年。但韦奇伍德及其合伙人的营销智慧并不是本章讲述的重点。韦奇伍德本人除了发明各种上釉和镀金工艺之外，还让制陶这门技艺从农庄事业蜕变成使用蒸汽动力的工业。政府甚至为连通他在特伦特河畔斯托克地区开设的陶器厂专门开通了公路和运河，因为政府意识到，这些工厂的所在地将成为英国大工业中心之一。

韦奇伍德还独立发明了高温计，这种仪器用以测量远超出“普通”温度计（水银温度计）测量区间的温度，其影响远远超出了陶瓷领域。为了表彰这一科学仪器背后的发明精神，英国皇家学会于1783年授予乔赛亚·韦奇伍德会员身份。12年后韦奇伍德去世时，他已经成为英国最富有的实业家之一。直到今天，韦奇伍德品牌依然存在，距离其创立已有250多年。

英国工业革命创造的不朽财富

雄心勃勃的英国人，注意到了韦奇伍德、阿克莱特、瓦特和其他出身卑微的创业者所取得的成功。事实上，他们的成功激励了一系列发明创业者，其中一些人也做出了巨大的贡献。在19世纪初期，理查德、特里维西克和乔治·史蒂文森的发明促成了蒸汽火车的诞生，给交通运输业带来了革命性发展。在纺织技术领域，埃德蒙德·卡特赖特和其他发明家在19世纪上半叶取得了重大进展。在同一时期，J. B. 尼尔森和亨利·贝塞麦的发明使钢铁行业实现了突破性的发展。

工业革命时期所有英国发明创业者的共同成果打造了一个诚如一位苏格兰经济学家在1839年描述的“人文科学掌控自然力量的最典型案例”。从使用煤炭这种几乎无限量（但并不清洁）的能量来源，到重要产业的机械化及很大程度上的自动化，发明创业者的天性就是满足自己的商业目的。

正是通过这种方式，从英国的社会经济地位来看，那些“最不可能成功”的群体，不仅改变了自己的国家，最终还改变了整个世界。欧洲大陆几个临近英国的国家最先因工业化的普及而发生改变。美国（无论从文化上还是经济上都贴近其盎格鲁-撒克逊文明下的“祖国”）也较早受到影响。到 1820 年，美国工业革命拉开序幕，并延续了 50 年。这场工业化进程，加上其他几个因素，让这片英国前殖民地蜕变为承载了高度多元化、创新化及无畏精神的创业活动的土地。就这样，到 19 世纪后期，创业活动的中心已经从英国转移到了美国，这正是第 8 章的讨论内容。

第 8 章

美国：一片充满创业机会的土地

美国人民的主要营生，就是做生意。

——卡尔文·柯立芝

尤其在从美国内战到20世纪末的这段时期，美国是最典型的创业型社会。没有哪个国家或哪个时代像这一时期的美国一样，受创业精神的影响如此之大，经历的奇迹和风险如此之多。从约翰·洛克菲勒到亨利·福特再到20世纪末信息时代的先行者比尔·盖茨和史蒂夫·乔布斯等人物，美国涌现出一个又一个具有标志性和国际知名度的创业者。美国这个时代还有很多其他具有革新性影响的创业者。相对于那些商界传奇，关于他们的故事，虽然知道的人不多，但这些故事绝对同样激励人心。除了传奇人物之外，本章也会介绍一些知名度稍逊的创业者。

正如第 6 章所述，在英国殖民地时期，首先脱离英国宣布独立的美国最早的 13 个州，之前都是由英国商业公司建立的创业项目。殖民地时期的美国，商业格局的两大主流势力，分别是南方殖民地（依靠奴隶劳动力）的种植园主和北方的各种商人（包括奴隶贩子）。两大地区都聚集了大量活跃的创业者，其中很多人是天生的冒险者，他们从英国故土舍家弃业，到新世界寻求刺激与财富。值得注意的是，移民的创业积极性一直比其他群体更为突出，这是美国创业活动的一个显著特征。

在这个新独立的国家，创业精神日益强烈——这种趋势得益于国家的政治与法律制度。例如，在 1790 年，美国刚独立 14 年，刚立宪两年，就颁布了相对完善的专利法，以鼓励工业创新。到 19 世纪末，美国创业活动无论是从规模上还是从凝聚的智慧来看，都远超其他国家。在此之前，创业精神早已成为美国精神不可或缺的组成元素。

战争的考验

在 19 世纪前半叶，美国大部分地区都吸收了英国工业革命的科技进步和制度发展成果。北方各州的快速工业化为“州际战争”奠定了基础。这场战争的主要争端，除了奴隶之外，还涉及联邦制度和各州权力等问题，毕竟农业化程度较高的南方各州对奴隶劳动力的依赖程度更高。虽然之后的战争夺去了 752 000 条生命并摧毁了数十亿美元的财产，但从 1861 年到 1865 年的美国内战时期，标志着美国创业活动的重大转折。

杰出的历史学家艾伦·内文斯和亨利·斯蒂尔·康马杰将这场战争作为现代美国的开端。内文斯和康马杰解释说："这场内战刺激了工业发展，加快了对自然资源的开采、大型制造业的发展、投资银行的崛起，以及对外商业的扩张；也极大地推动了铁路和电报网络的修建，开启了铁路时代。"也许最重要的是，美国内战"高度重视各项发明和节约人力的装置，并见证了两者大规模应用于农业和工业"。

批量生产者

几乎在所有有记载的历史战争中，总有创业者发战争财。在美国内战期间，最臭名昭著的战争贩子，就是康涅狄格州的一位叫塞缪尔·柯尔特的武器业发明创业者。柯尔特是"柯尔特点 45 手枪之父"，很多其他的武器也以他的名字命名；另外，他还发明了多膛旋转枪膛结构，也就是人们常说的转轮。除了对武器进行诸多改良外，柯尔特还研发了远程引爆炸药，甚至在电报行业取得了若干项创新成果。

塞缪尔·柯尔特是非常成功的枪械制造商，至今仍被誉为美国国防产业的先驱，他所创立的公司无论从销售额还是技术先进程度来说，都在全球处于领先地位。但和他之后的很多美国武器行业创业者一样，柯尔特也是极具争议的人物。到美国内战时，这个美国人已经是向交战双方出售武器的老手了。柯尔特出生于 1814 年，他曾在 19 世纪中期欧洲大陆的几场战争中做投机买卖。一直到今天，美国和其他国家的私营军火商，依旧以这种有争议的方式发战争财。

但柯尔特和他的柯尔特兵工厂造成的影响不限于国防产业。这位武器制造商与缝纫机制造商艾萨克·辛格及自行车制造商艾伯特·蒲柏上校共同开创了批量生产的概念，以及帮助出售大量廉价批量生产商品的全国广告宣传模式（见图 8－1）。

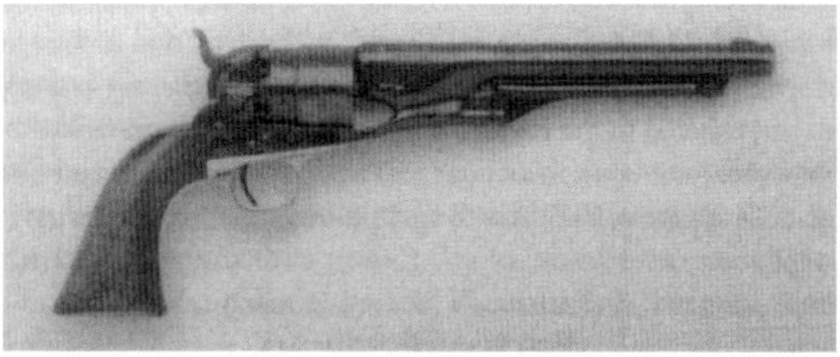

图 8－1　柯尔特 1860 年生产的左轮手枪模型

出生在纽约的辛格和同是美国人的爱德华·克拉克于 1863 年正式建立了辛格制造公司。在此之前，两人就已经通过批量生产缝纫机而取得了一定的成功。到 1870 年，辛格和克拉克的公司日产 1 000 多台缝纫机。在当时，这样的批量生产速度令人惊叹，这主要归功于辛格的聪明才智（顺便说一句，这位伟大的“批量生产商”还有另一项被铭记的事迹：他有 23 个或 26 个孩子，很多孩子都在他遍及全国各地的外宅长大）。辛格制造公司和柯尔特兵工厂都依靠先生产大量几乎相同的组件再将它们分别组装成缝纫机和武器，这样效率获得很大的提升，并因此获利颇丰。但因为这些公司生产的组件总有细微的尺寸差异，所以需要聘请装配工将这些组件组装在一起。

直到 19 世纪后期，生产出的组件才达到完全一致（因此可以互换）的水平。这要归功于波士顿的一位自行车制造商艾伯特·蒲柏上校。这位原北方军士兵于 1878 年建立了蒲柏制造公司。他精通批量生产流程，生产的组件尺寸误差在千分之二英寸之内。这种前所未有的精准度大幅提升了组装的速度，并降低了这一流程的成本。任何零件 A 无须使用任何人力和巧妙处理，就可以和任何零件 B 完美契合。到 19 世纪 90 年代初期，自行车开始风靡美国，这从一定程度上归功于这位上校在批量生产方面取得的重大进展。

创业者的双重身份：“强盗贵族”与慈善家

在中世纪时期的德国，莱茵河畔的武装贵族要求往来船只向他们进贡，因此被称为“强盗贵族”。在 19 世纪的美国，这个贬义词，用以描述使用不道德的商业手段致富的实业家，其中包括皮草与鸦片贩子约翰·阿斯特、造船业大亨科尼利尔斯·范德比尔特和铁路投机商杰伊·古尔德。这伙“强盗贵族”中最有名的两个（尤其是在美国内战后期）是安德鲁·卡内基和约翰·洛克菲勒。虽然在他们的时代，两人都被贬称为“强盗贵族”，但最终两者都被尊称为“伟大的慈善家”。

卡内基在苏格兰出生和长大，他并不是美国第一位著名的传奇创业移民。例如，约翰·阿斯特就出生于今天的德国境内，他出生时叫约翰·雅各·阿斯特。到 1848 年去世时，他已经是美国最富有的商人。从某个角度讲，卡内基高举“新美国人”大型创业活动的火炬，并使其在 19 世纪下半叶仍熊熊燃烧。这位苏格兰人从贫穷的移民到美国巨富的蜕变，为很多在 20 世纪成批涌入美国的移民创业者树立了典范。

卡内基于 1835 年出生于一个手工织布工家庭，他亲眼见证了工业革命的影响——正是这场革命淘汰了他父亲的职业，让整个家庭陷入财务危机。和很多成功的创业者一样，童年贫寒的苦痛，是推动卡内基成长的强大动力。“父亲不得不乞求别人赏份儿工作的情景，在我心里打上了深深的烙印。就在那个时候，那个地方，我下定决心，长大以后一定要结束这种局面。”父亲因为机械化的普及而失去工作，这让卡内基一生都对技术满怀敬畏。而技术，也为这位未来的钢铁大王提供了显著的竞争优势。

就在卡内基 13 岁生日之前，一贫如洗的卡内基家族离开苏格兰，去投奔在宾夕法尼亚州匹兹堡定居的一群亲戚。到美国之后不久，之前已经在苏格兰读了 5 年书的卡内基，就被送去棉纺厂烧锅炉，这份可怕的工作让他常常做噩梦，并促使他另寻出路。很快，他就在电信公司找到了一份工作。6 年后，卡内基给托马斯·斯科特当起了私人电报员兼秘书。

斯科特是宾夕法尼亚铁路公司匹兹堡分局的总监，这家铁路公司是 19 世纪美国最大的企业之一。到 1859 年，卡内基已经接替了斯科特的职位，这份工作不仅稳定，而且报酬也不错。但事实很快证明，任何拿薪水的职位，无论待遇多丰厚，地位多受人尊敬，都无法满足这位已经开阔了眼界的苏格兰移民。即便在担任总监期间，卡内基独立的创业活动也已经如火如荼地展开，从投资不同铁路零件制造商到去欧洲出差的途中向外国人出售美国铁路证券。

有次出差，英国新兴的钢铁行业给卡内基留下了深刻的印象。他预见到，随着美国经济的不断发展壮大，对钢铁的需求将持续增长。1865 年，卡内基从宾夕法尼亚铁路公司辞职，出任凯斯通桥梁公司的经理。他在几年前就投资于这家位于匹兹堡的钢铁桥梁制造公司。卡内基早期的推广壮举，包括在 2 200 英尺长的密西西比大桥落成后，邀请媒体现场观看一头大象悠然地从大桥的一头走到另一头，以此来证明大桥的坚固程度。但他最令人称道的推广活动，是在 1873 年将自己的新工厂取名为 J. 埃德加·汤姆森钢厂，以当时宾夕法尼亚铁路公司的负责人命名。卡内基希望能借此向该公司出售大量钢铁，结果如他所愿。

这位崛起的钢铁大亨因节俭而闻名，他对荣誉不屑一顾，在削减成本方面更是毫不留情。但只要能获得领先于竞争对手的技术优势，卡内基就会不遗余力地投资。19 世纪 70 年代，他建立了美国第一家使用亨利·贝塞麦开发的高效制钢工艺的钢铁厂。20 年后，卡内基的匹兹堡钢厂已经被改造为平炉炼钢厂。这一转型需要巨额的投资。但卡内基再一次正确地预见到，这场变革带来的增效成果，将让自己成为全球最大的钢铁制造商。到 1900 年，卡内基钢厂出产的钢材比英国所有钢厂的总量还多，这是英国那些历史悠久的竞争对手无法企及的。另外，1865—1900 年，美国钢铁产量从 19 000 吨增长到 1 000 万吨，这一飞跃在很大程度上要归功于卡内基钢铁公司。

仅 1900 年一年，这位钢铁大亨个人分得的公司利润，就超过了 2 500 万美元，相当于 2015 年的 7 亿美元以上。通过精明而积极的创业活动，卡内基从一个贫穷的少年移民攀登到财富的顶峰，至今仍被一些人奉为美国梦的不朽典范。但对其手下的一些员工和整体工人运动而言，卡内基钢铁公司是美国的噩梦。尤其是他的霍姆斯特德工厂，更是被匹兹堡的一家报纸形象地形容为“劳资双方剧烈冲突的战场”。

简单地讲，卡内基提出的条件触怒了工人，引发了霍姆斯特德大罢工。更糟糕的是，卡内基在休假期间委派亨利·克雷·佛里克处理纠纷，而佛里克派出的打手在后续混战中打死了 10 名工人。这位钢铁大亨在处理劳资纠纷过程中所采取的灾难性的手段，给他的声誉留下了永久的污点。很多曾经将卡内基奉为美国英雄的追随者，从此将他视为不折不扣的强盗资本家。

除了这场罢工，卡内基及其合伙人还因为其他几件著名事件而落下了麻木不仁的骂名。卡内基一直在个人野心和认为创业活动及所获得的财富应福泽众人的信念之间挣扎，这些谴责让他的良知备受折磨。卡内基在《财富的福音》一书中反思慈善对施予者的好处时袒露心声，认为这样的慷慨能提供一个“远离自我质疑的避难所”。

1901 年，卡内基钢铁公司被出售给美国钢铁公司，后者是金融家 J. P. 摩根控股的公司。安德鲁·卡内基通过这笔交易获得了 2.5 亿美元，相当于今天的 70 多亿美元。之后，他将余生都贡献给了慈善事业。他坚守自己的“财富福音”，几乎将全部财富都花在了各种各样的慈善项目上，其中包括在世界各地修建了 3 000 多座图书馆。和卡内基一样，约翰·洛克菲勒也将自己的退休生活奉献给了慈善事业。他之所以这样做，除了因为他是一名虔诚的浸信会信徒外，还有其他原因。毫无疑问，和他的这位苏格兰老相识及往昔对手一样，老洛克菲勒也急于洗白自己的强盗资本家形象。

和卡内基一样，约翰·洛克菲勒的早年生活也异常艰辛，但原因不同。首先，洛克菲勒并没有卡内基那样的移民经历。洛克菲勒家族的祖先是约翰·彼得·洛肯菲勒（到美国后，家族的姓氏有些改动）。1723 年离开德国后，他定居在当时的北方殖民地新泽西州。116 年后，洛克菲勒出生在纽约州中南部一个叫里奇福德的小镇。虽然父母的家族都已经在美国扎根，但和卡内基一样，洛克菲勒的早年生活，也饱受经济拮据之苦。

洛克菲勒家族不幸的根源在于一家之长威廉·洛克菲勒一世。他别名“大比尔”，一生都在拈花惹草，他当过伐木工，之后成了全职小贩。大比尔不仅经济状况不太稳定，更糟糕的是，他的众多丑闻令家族蒙羞，尤其让心事重的大儿子洛克菲勒备感沉重。除了这些丢人现眼的事（包括于 1848 年被控告强奸）之外，他还经常长时间不回家，让家里的境况变得愈发艰难。最糟糕的是，大比尔在和洛克菲勒母亲的婚姻存续期内，于 1856 年以化名在加拿大和另一位女性结婚。但按照洛克菲勒传记作家罗恩·切尔诺的说法，洛克菲勒当时已经成功地承担起父亲的角色。这位少年“严格控制家庭预算，并且学会了带着世故的眼光来看待世界”。

因为家庭遭遇的窘境，洛克菲勒和卡内基在年少时就不得不肩负起家庭的经济重担：很多成功的创业者都有同样的经历。但和卡内基不同，洛克菲勒完成了学业，并没有在挣死工资的职位上待太久，就开始创业了。18 岁时，洛克菲勒和他在俄亥俄州克利夫兰市(多年来，“大比尔”带着家人不断搬家，最后定居于克利夫兰市)的邻居克拉克组建了合伙制公司。克拉克与洛克菲勒公司是成功的佣金行，为客户买卖各种散装商品。

但和卡内基一样，洛克菲勒伺机寻觅更大的生意。1863 年，在厌倦了散货贸易后，这位 24 岁的创业者开始涉足石油生意。他发现，尤其在宾夕法尼亚州的油田，油井产油量超出了当时的炼油产能。因此，如果洛克菲勒能组建一家炼油厂，并拿出优质产品，那么就有充足的机会来实现大规模扩张。另外，随着石油的应用从油灯扩展到为两轮车和之后的汽车提供动力燃料，洛克菲勒和他的儿子——继承者约翰·洛克菲勒二世——获得了从中获利的机会。

洛克菲勒成了安德鲁斯与克拉克公司的合伙人。这家炼油厂在洛克菲勒买断了克拉克及其兄弟的股份后，更名为安德鲁斯与洛克菲勒公司。这场交易是洛克菲勒的第一笔收购，连同之后其他颇具争议的交易一起，巩固了洛克菲勒在业界的垄断地位。1870 年，洛克菲勒带领几个合伙人组建了标准石油公司。两年内，由洛克菲勒领导的这家公司（总部仍设在克利夫兰市）已经控制了克利夫兰市几乎所有的炼油厂。

对于那些无法收购或通过某种“合作伙伴关系”实际控制的竞争对手，洛克菲勒会设计巧妙的策略将它们挤出市场，在他们屈服之前绝不罢休。例如，随着炼油帝国的不断扩张，洛克菲勒利用规模优势，和宾夕法尼亚铁路公司以及其他公司悄悄商定了高额折扣。这样，标准石油公司表面上和竞争对手支付同等费用，但如果算上私底下的折扣，标准石油公司支付的费用要低很多，这些竞争对手因此明显处于竞争劣势。由于经常使用这种不体面的伎俩，这位石油大亨的名誉最终染上了污点。

洛克菲勒是有史以来最精通大型创业活动的大亨之一。他不断利用自己的企业规模扩张业务。这位标准石油公司的董事长还精明地与互补行业（尤其是交通运输行业）的领先公司合作。除了宾夕法尼亚铁路公司之外，还包括伊利铁路公司（由杰伊·古尔德控制）以及帝国货运公司和星辰货运公司。而在洛克菲勒集团之外的小型铁路公司和炼油厂一般只是“过一天算一天，既没有团结起来，也没有长远的规划”。正如商业历史学家阿尔伯特·Z. 卡尔所概括的，“按照争权者才能掌权的说法，洛克菲勒和他的合伙人占尽了先机”。

虽然洛克菲勒并不是严格意义上的发明者，但作为狂热的投机者，他不抗拒任何形式的新方法，只要这样做符合标准石油公司的利益。例如，在公司性质方面，标准石油公司成立时在俄亥俄州注册，之后转型为美国第一家商业信托公司，再后来，为了规避新颁布的美国《反垄断断法》，标准石油公司改制为美国第一家股份公司。事实上，1890 年的《反垄断法》针对的就是洛克菲勒和古尔德之流的垄断行为。民间对这些法律的拥护，反映了大型企业和受其威胁的小型美国企业之间的利益分歧正在不断扩大。在之后几十年，这种分歧在压制某些小型创业者的同时，却也为其他创业者带来了机会。

洛克菲勒是有历史记载以来最富有的美国人，其总资产相当于 2015 年的 4 000 亿美元。大型产业的力量和缺陷都在洛克菲勒公司身上有所体现。在好莱坞电影与职业体育吸引美国人民的注意之前，这些伟大的创业者才是美国最大的名人。有些媒体用洛克菲勒的垄断行为和卡内基对待工人的行为作为例子提醒世人，不能让产业力量集中在强盗资本家手中。同时，也有人惊叹于这些白手起家的创业者最终积累的巨大财富以及他们晚年时所表现出的慷慨。提到慷慨，洛克菲勒生命的最后 40 年都奉献给了慈善事业，他的一些慈善之举支撑着很多著名教育、医疗和科学机构。

光与声的奇迹：美国的发明创业者

1790—1799 年，美国专利局只收到 276 项发明专利申请。100 年后，在 19 世纪 90 年代的 10 年间，专利局受理的新发明专利申请量高达 235 000 项。如前文所述，19 世纪末，美国的法律制度整体上照顾创业者，尤其是发明创业者。这种利好法律背景令很多兼具发明天分和远大抱负的人才受益，让美国重现了工业革命时期英国发明创造活动的辉煌盛景。

19 世纪后期美国两位著名的发明创业者其中之一是亚历山大·格拉汉姆·贝尔。这位美国公民在英国出生并长大。他发明了电话，在美国波士顿和加拿大安大略省布拉德福德市都有住所。正是由于这个原因，英国、加拿大和美国都自称是这位全球最伟大的创业者的祖国。贝尔和其他优秀的发明创业者一样，都靠着聪明才智致富，按当前的美元价值计算，他收获了上千万美元的财富。贝尔和一位律师、一位金融家、他著名的助手托马斯·沃森共同创立了贝尔电话公司。而美国电话电报公司（也被戏称为“贝尔大妈”）和加拿大贝尔公司一开始都是贝尔电话公司的子公司。

但当时最伟大的发明家不是贝尔，而是托马斯·爱迪生。爱迪生是有史以来最著名的发明家之一，多产到超乎普通人的想象——这位来自美国西南部的发明家一生共有 1 328 项专利。更重要的是，他的众多知识产权所带来的影响令人惊叹。爱迪生利用电光源发出的“柔和的微光”，发明了电影和留声机。事实上，至少从技术角度讲，爱迪生为美国娱乐产业奠定了基础，这项产业在 20 世纪让整个世界着迷。除了保护自己的知识产权外，这位发明家还精明地建立了爱迪生电灯公司，之后将其出售给摩根大通，因此获得的利润相当于今天的 5 000 万美元。

出乎意料的创业者：安德鲁·比尔德

至此，本章介绍的一些美国创业者都是移民，但这些创业者全部都是白人。更具体地说，他们都是信奉新教的白人，这个群体直到 20 世纪都是美国创业活动的中坚力量。正如马克斯·韦伯在《新教伦理》一书中详细讨论的，勤奋工作和个人主义，是新教教义的重要内容。因此，美国的新教群体是美国创业活动焕发非凡活力的原因之一，这种活力之后也感染了很多天主教徒和犹太教教徒。1880—1924 年的移民潮之后，美国这两个宗教的教徒数量急速增长。但在这段时间，非新教徒被有意排挤到美国工业的边缘。在之后的几年，一些有抱负的边缘人士开始挑战这种情形，独立开创了自己的企业甚至产业。

在 19 世纪末和 20 世纪初，天主教和犹太教移民所遭受的歧视，和非裔美国人被法律认定的“二等公民”地位相比根本不算什么。奴隶制的直接后果，就是使美国内战后重建时期为保障南方各州黑人的基本权利所进行的努力，基本上都化为泡影。在之后的种族主义时期，美国颁布了法律，剥夺了众多非裔美国人的投票权，基本将他们束缚在勉强维持温饱的农业和家政服务行业。正是由于这个原因，这个时期黑人创业成功的故事才显得不寻常。安德鲁·比尔德从黑奴蜕变为著名发明创业者的人生经历，是这些“灰姑娘故事”中的经典。

对 19 世纪的美国而言，很难想象还有什么社会经济状况能比比尔德早年时期所经历的更糟糕。安德鲁于 1849 年出生在亚拉巴马州的伯明翰市。从出生起，小安德鲁的人生中就只有奴隶制，直到 1864 年，国会在林肯总统的领导下废弃了奴隶制。在重获自由的前几年，比尔德娶了自己的心上人，之后在伯明翰郊区的农村修建了一个小农庄，这样的成绩，体现了这个年轻人的非凡抱负。

比尔德是天生的创业者。他不断尝试改良工具和新工艺，以提升农场的效率。他在 1881 年为一种更高效的犁具申请了专利，之后又以 4 000 美元（相当于现在的 10 万美元）的价格出售了他的第一项专利。6 年后，比尔德为另一项精巧的犁具设计申请了专利，并成功地卖出了 15 万美元（按当前美元价值折算）的高价。比尔德是真正意义上的发明创业者，他充分利用自己的早期发明成果，进行了一系列成功的房地产投资。他还为更高效的磨粉机申请了专利，并且在自己的田产上经营了几年面粉厂。

在 40 岁之前，比尔德已经颇有名气，他不仅是多产的发明家，也是白手起家的创业者。这种成绩，无论放在哪个种族身上都值得骄傲。但对这个年轻的非裔美国人来说，能在奴隶制刚被废除后就拥有这样的成就，着实令人惊讶。到 1892 年，这位 43 岁的发明家为自己改良的旋缸蒸汽机申请了专利。之后不久，不知道出于什么原因，比尔德就去铁路公司上班了。

在 19 世纪 90 年代，铁路扩建到新开发的美国大西部的同时，东部地区各州的铁路网络也新增了线路，其中包括亚拉巴马州和其他东南部各州。比尔德在铁路公司的工作职责之一，就是将货车车厢连接起来。在连接车厢时，比尔德需要在两节车厢眼看要撞上的瞬间，将金属栓插下去，以便将两节运动的车厢接合在一起。当然，如果没能精确地判断时间点，会带来巨大的风险。很多从事车厢连接工作的铁路工人都因车厢碾压而丧命，而那些幸存者中，也有很多人失去了四肢，安德鲁·比尔德就是其中之一。

比尔德因为一场事故失去了一条腿，也丢掉了工作。但他和很多成功创业者一样，都具有投机主义热情。他没有自怨自艾，而是下定决心要发明一种自动连接器，以避免类似事故再次发生。1897 年，比尔德的“珍妮连接器”获得了专利，这种精巧的装置能自动将车厢连到一起。虽然政府之前也曾为其他自动连接器发放过专利，但比尔德的设计尤其可靠。他以相当于今天 150 万美元的价格，将这项专利出售给纽约市的一家公司。比尔德之后的生活，我们不得而知，但作为一个在美国黑人史上最黑暗的一段时期在创意和物质方面均取得成功的黑人发明创业者，比尔德在历史上注定有自己的一席之地。

亨利·福特：20 世纪的泰坦

19 世纪 90 年代中期，在安德鲁·比尔德在亚拉巴马州尝试发明火车车厢连接器的同时，美国中西部的一个年轻人也在进行着试验，他建成了第一台燃烧汽油的四轮车。虽然亨利·福特不是第一个造出汽车的人，更不是汽车的创业者，但他是第一个成功大批量生产汽车的人。用福特自己的话说，他要“将汽车民主化”，在汽车制造和定价方面都照顾到中产阶级的需求。在这个过程中，他给世界各地人们的日常生活带来了革命性的变化。因此，福特代表了 20 世纪初美国创业精神所蕴藏的智慧、能量与实力。

福特生于 1863 年，祖父是爱尔兰新教徒移民。他在密歇根州迪尔伯恩附近的家族农场长大。还在孩童时期，福特就经常捣鼓东西，甚至到了偏执的地步。他的这种爱好表现得很明显，以至于兄弟姐妹一看到他走近，就会把自己的玩具藏起来，因为他会马上把他们的玩具拆开，然后组装成新东西。随着福特慢慢长大，他对机械的爱好日益强烈，对农活的厌恶也愈发明显，这让父亲很失望。钟表、火车和迪尔伯恩地区的几乎所有机器，都让这个男孩着迷。

16 岁时，已经完成学业的福特急于实现自己的机械梦，于是搬到了底特律当机械师。他先后在底特律的几家公司担任机械师，后来又在迪尔伯恩的西屋电器当蒸汽机修理师。福特当时已经结婚并且当上了父亲，并于 1891 年举家迁往底特律寻找新机会：他在当地的爱迪生照明公司分公司找到了工作。这家公司 11 年前由托马斯·爱迪生创立，在几个大城市经营发电站。两年后，福特升任总工程师，24 小时待命，随时处理可能出现的电力服务故障。因此，他不需要在公司坐班。

对于一个几年前才在迪尔伯恩造出拖拉机的热衷于发明的年轻人来说，这次升职为他创造了理想条件：这份工作不仅待遇丰厚，而且工作时间灵活，因此他有大把时间待在自己的工作室里。到当年年末，福特已经造出了可用的汽油发动机；1896 年，他完成了自己的第一辆四轮车。在完成了几个汽车设计方案后，他于 1899 年创立了自己的公司。亨利·福特公司主要制造赛车，在 1902 年创始人离开后更名为凯迪拉克汽车公司。

这位崭露头角的创业者带着为大众制造实用汽车的愿景，于 1903 年成立了福特汽车公司。这家今天在全球员工人数将近 20 万人的汽车制造商，起步资金只有不到 100 万美元（按当前美元价值折算），从而印证了创始人的超凡能力。这家新公司生产的汽车很畅销，但一开始，生产一辆 A 型车需要 12 小时。1908 年 10 月，福特装配线上诞生了第一辆 T 型车。在之后的 18 年里，这个型号的汽车共售出 1 600 万辆。受芝加哥肉类加工厂拆卸线的启发，福特对车型进行了重新设计，汽车民主化的时代终于到来。

福特在自传《我的生活与工作》一书中描绘了“建立一个为95%的民众服务的企业”这一理想愿景。正是这一愿景激励公司实现了无可比拟的生产速度，最终让广大消费者都能买得起福特汽车（价格亲和力是这一品牌的著名特征）。公司在广告材料中巧妙地凸显T型车的“平民化”吸引力。福特经销店的一本宣传册上写着：“这辆可靠的汽车不需要收入1万美元才买得起，只要银行账户上有5 000美元就能开走；读一读技校的工程课程就知道如何修理。”

和同时代（以及当代）的一些创业者不同，福特总能以开明的方式保障自身的利益。例如，面对装配工人离职率高的问题，福特在合伙人的反对声中，采纳了副总裁的建议，将工人的日薪提高到5美元，相当于装配工标准工资的将近3倍。此举不仅解决了人员流失问题，还让众多员工成了福特的忠实客户。当然，福特的一些观点在有些人看来也不够开明，比如，他是激进的反犹太主义者。

福特在产品装配、营销和劳工关系方面的创新策略为他带来了高额回报。到1921年，T型车在新车市场的份额已经达到60%。杰克和苏西·韦尔奇发现：“像亨利·福特、戴维·帕卡德和比尔·盖茨这样的传奇企业家，都是不容置疑的典范，他们都体验过从白手起家到最后见证事业惊人成长的兴奋与荣耀。”后来，更有活力的竞争对手，尤其是通用汽车，抢占了福特的部分市场份额。但不管怎样，在这位创始人去世多年后，福特汽车公司仍在继续创新，并取得了巨大成功。1947 年，亨利·福特因脑溢血去世。当时，他的净资产相当于现在的 1 900 多亿美元。

阿尔·卡彭：黑社会创业者

另一位闻名全球却不太受人尊敬的美国创业者也于 1947 年去世。除了同年去世和都拥有超凡的商业手腕之外，亨利·福特和阿尔·卡彭几乎没有什么共同点。卡彭的父亲是意大利移民，阿尔·卡彭在父亲到达纽约 6 年后，于 1899 年降生。卡彭幼年时期在布鲁克林的一栋年久失修的房子里度过。1910 年，卡彭一家搬到了布鲁克林一个相对好一点的街区。无论从哪个角度看，卡彭做理发师的父亲和做裁缝的母亲都称得上老实人，但卡彭并不是，这一点在他小时候就能看出来。

这个孩子虽然个子矮，但块头大，他加入了最嚣张的青少年帮派，强尼·托里奥也在这个帮派。托里奥后来成了他的犯罪导师。父母将他送去天主教学校，但卡彭觉得上学的日子异常难熬。他在学校的最后一天尤其难受，因为校长下令对其施以鞭笞惩戒，原因似乎是当天早些时候，这个暴脾气的学生侮辱了一位老师。鞭笞过后，卡彭决定辍学，他连六年级都没有念完。

虽然卡彭学业不精，但在青少年时期，卡彭也曾尝试过上那个时代黑帮人员口中的“正直生活”。他曾经在一家图书装订公司当裁布工，也做过其他收入低微却正派的工作。当卡彭在哈佛小酒馆做保镖补贴收入时，问题来了。这家位于康尼岛的夜总会，虽然取了个冠冕堂皇的名字，却由帮派经营。弗兰基·耶鲁作为夜总会的业主，是一个很有实力的帮派创业者，意志坚定的保镖卡彭从他身上学到了很多东西。

另外，也是在哈佛小酒馆，18 岁的卡彭用粗俗的语言羞辱了一位姑娘，她哥哥出于愤怒在卡彭脸上留下一道刀疤。很快，卡彭就以“疤面”的绰号闻名。当时，卡彭的老朋友托里奥已经成了詹姆斯·科洛西莫（人称“大吉姆”）的手下，帮“大吉姆”打理其在芝加哥庞大的夜总会、妓院和赌场网络。因为生意蒸蒸日上，托里奥需要副手，于是他在 1919 年将卡彭招致麾下。

“疤面”一夜之间晋升到芝加哥夜总会与妓院的管理阶层，当时的时机很好：1921—1928 年，美国的人均收入增长了近 40%，达到 716 美元。美国人兜里的可支配收入从来没有这么多。除了 T 型车和其他汽车以外，他们还购买洗衣机、收音机、留声机和电冰箱，为现代消费主义奠定了基础。尤其在芝加哥这样的城市，他们将大量的收入花费在卡彭和他的朋友们所提供的低俗商品和服务上。

最受欢迎的是酒类。美国于 1919 年通过的禁酒令于 1920 年生效。非法的私酒生意简直就是为科洛西莫量身定做的，他的商业帝国原本就建立在卖淫和赌博等非法业务的基础上。科洛西莫、托里奥和其他人尤其精通这些边缘创业活动所依赖的行贿、威吓和暴力手段。但科洛西莫不愿意贩卖私酒。失望的托里奥因为垂涎于这个赚钱的新勾当，在卡彭和耶鲁的帮助下除掉了自己的老板。

5 年后，托里奥收山，卡彭取而代之，当上了领袖。当时，托里奥的这位门徒已经证明了自己的实力。很多业务都由卡彭经营，他还开辟了一条从加拿大和国内各种地下酒厂拿货的新路（这些加拿大货物被伪造成运往古巴的货物，以逃避针对酒类征收的关税）。在控制市场供应方面，“疤面”和洛克菲勒一样，是个很有天分的垄断者。为了达到垄断目的，他能运用的劝服手段，比标准石油的首席执行官还要多。

例如，如果某个地下酒吧拒绝从卡彭这儿买酒，酒吧主人就会受到威胁。如果酒吧主人还不服软，酒吧就会被炸毁。接着，“疤面”就会主动提供修缮酒吧所需的贷款：这就是卡彭的胡萝卜加大棒策略。当然，芝加哥地区也有其他民族——包括波兰人、爱尔兰人、德国人等——建立的黑社会集团，他们也在从事类似活动。但即便是“甲壳虫”莫兰（他的党羽丧命于卡彭的情人节大屠杀中）和海米·韦斯这样的帮派分子也没有像卡彭这样臭名昭著。因为和卡彭（见图 8-2）不一样，他们从未成功地垄断私酒贩卖业务。

“疤面”还有难得的创业适应能力，这可能得益于他在青年时期磨炼出来的街头智慧。例如，当芝加哥新市长决定更严格地执行禁

图 8-2　阿尔·卡彭

酒令时，卡彭就将生意转移到西塞罗，并在这里重建了自己的帝国。他迅速建成了小镇上第一家赌场，将西塞罗转变为跨洲私酒贩卖网络的中心。在巅峰时期，卡彭的非法创业活动，年收入相当于现在的 16 亿美元，他雇佣 400 名员工，其中有很多是白领。

这位黑帮领袖大部分时间都坐在配备齐全的办公室里接听供货商和分销商打来的电话，和自己的副手商谈，并为扩张机会制定战略，而不是把谁堵在胡同里围殴。卡彭曾解释说："我靠满足大众需求而赚钱……所有人都说我敲诈勒索，但我认为自己是商人。当我卖酒时，我是非法贩卖私酒。但当我的主顾在湖滨大道（芝加哥河岸的一个时尚区）把酒放在银盘里端给客人时，这就是服务业。”

毫无疑问，卡彭和他的大多数对手一样，是个冷血杀手。但无法否认的是，他也是一个很有才华的黑社会创业者。就像之后几十年间非法向美国走私毒品的犯罪分子一样，他们都发现了亟待满足的消费者需求，并从中获利。不管怎样，卡彭的犯罪行为和毫无节制的生活方式，最终导致了他的毁灭。因为逃税，他被宣判在恶魔岛服刑 11 年。9 年后，他被提前释放，因为梅毒令他的健康情况明显恶化。作为一个孩子的父亲，已婚的卡彭在自己旗下妓院的妓女身上染上了这种恶疾。他出狱几年后就去世了，终年 48 岁。

大萧条：在低迷中从头再来

1922 年，时任美国商务部长、几年后当选美国总统的赫伯特·胡佛，在《美国个人主义》一书中颂扬了彰显个人主义精神的美国政治与经济体系。他写道：“我们的社会建立在个人成就的基础上。”但在下一个 10 年经济低迷（大萧条时期）的背景下，这样的个人主义不再风靡。从创业的角度来讲，除了 20 世纪 30 年代的经济衰退造成机会减少外，美国社会还发生了消极的态度变化。在这样的环境下，公众、媒体甚至政府，都会带着质疑甚至责难的眼光看待雄心勃勃的美国创业者。

不管怎样，在一片经济废墟之中，仍有少数人发现了机会的种子。例如，查尔斯·达罗在1929年华尔街股灾后失去了卖暖气设备的工作，但他推出了房地产收购游戏，让其他在经济困境中挣扎的美国人重新体验到了富有的感觉。1935年，这位费城居民为他的游戏《大富翁》申请了专利。一年之后，帕克兄弟公司每周能卖出2万套达罗发明的游戏。

1931年，唐·百特和拉尔夫·福尔克博士开始批量生产之前只在大型研究性医院提供的静脉用医疗器材。这两位来自爱荷华州的生物技术创业者精明地利用了大萧条时期的特殊条件。例如，他们将因经济衰退而空闲的汽车展示厅改造成房租低廉的实验室。今天，百特国际有限公司每年销售150亿美元的医疗产品，全球员工人数超过6万人。

在美国正式加入第二次世界大战之前，这场战争就已经让美国摆脱了经济萧条。战争刺激了军需品和供给品的生产，以服务于当时被包围的英国和在不久的将来卷入战争的美国军队。光靠第二次世界大战，美国就已经重回充分就业和涨薪的时代。老兵退伍回家时，《退伍军人权利法案》的慷慨福利，推动了婴儿潮时期大家庭的形成和房地产的大规模扩张。美国很久之前就已经是全球工业强国，到第二次世界大战结束后，美国已经发展成人类有史以来最富有的国家。随着国民的可支配收入突破历史记录，美国涌现了各种各样的机会，有些机会甚至出人意料。

大西洋唱片公司：挖掘黑金

1944 年，第二次世界大战即将结束，土耳其驻美国大使穆尼尔·艾特根在华盛顿特区去世，他的妻女决定回到土耳其，但他的两个儿子尼苏西和艾哈麦特决定留在美国。他们的家族 9 年前就搬到了美国首都，艾特根兄弟迷恋美国黑人文化，甚至到了痴迷的程度。最吸引他们的是黑人音乐，当时以爵士乐为主，之后逐渐引入了蓝调和其他音乐形式。

事实上，在父亲去世时，27 岁的尼苏西已经在洛杉矶经营一家唱片店，专门出售黑人音乐。而艾哈麦特当时只有 21 岁，在乔治城大学学哲学，但他大多数时间都待在华盛顿特区大型黑人社区的唱片行里了解音乐。两个年轻人都急于将自己对这种异域音乐的热情转化为事业。但他们出生于土耳其贵族阶层，已经习惯了奢侈的生活。因此，他们需要先找到将热情转化为财富的方式。第二次世界大战后，艾哈麦特作为一个有天分的创业者，坚信这份事业会带来回报。

艾哈麦特在提到第二次世界大战战后的美国时说："黑人有工作，女性也有工作。人人都工作，也就意味着人人都有钱。对唱片的需求急速增长，但唱片供应却不足，也没有足够的唱片制造厂。"到 1947 年，艾哈麦特已经为开办唱片公司做好了准备，他从艾特根的家庭牙医那里获得了一笔不小的投资后，就只差一个合伙人了。这位牙医也为他解决了这个问题。有个在他手底下实习的年轻人放弃了牙医的行当，回纽约城去挖掘自己的音乐天分，正好是理想的合伙人人选。

1947 年 10 月，艾哈麦特和赫布·亚伯拉罕森成立了大西洋唱片公司。公司刚开始的一年多里租用曼哈顿的一间酒店房间办公，之后搬到第五十四大道的写字楼。大西洋公司早年大获成功，其中一个原因就是创始人都对黑人艺术家满怀敬意，具体体现为他们付给黑人的版税和大型唱片公司一样高。1953 年亚伯拉罕森被杰里·威克斯勒取代，这种情况得以保持。本·E. 金是漂流者乐队的成员，之后独唱了《伴我同行》。他来自南卡罗来纳州，是大西洋公司的签约歌手。他说："在我们那个时代，我们那个地方，人们会说，'只要没人主动和你说话，你就没权利开口'。我到了纽约以后，（艾哈麦特和威克斯勒）居然会征求我的意见！"

后爵士时代很多"民族音乐"唱片公司背后的推手，都是犹太移民的后代，包括亚伯拉罕森、威克斯勒以及现代和彗星唱片公司的比哈里兄弟；切斯唱片公司的里奥纳德·切斯和菲尔·切斯，本身就是犹太移民。还有很多著名高管是意大利裔，比如汤米·李帕玛。当然，高管中还包括土耳其穆斯林移民艾哈麦特和他的哥哥尼苏西，后者于 1955 年加入了大西洋唱片公司。

直到 1959 年，黑人创业者贝里·戈迪二世才成立了摩城唱片公司。因此，在 20 世纪 40 年代末 50 年代初这段时间，黑人音乐的制作和发行，在很大程度上被东欧裔移民垄断。或许只有身为犹太裔、意大利裔或其他移民族裔才能开明地围绕美国主流人群眼中的外来文化建立产业。毕竟，就在几年前，第二次世界大战美国部队中的各族裔白人都并肩作战，只有黑人士兵独立组建部队。

尼尔·加布勒在《他们自己的帝国》一书中介绍，20 世纪初建立了好莱坞的很多创业者，都有移民背景。加布勒在描述来自德国的环球影业创始人卡尔·拉姆勒时写道："像拉姆勒这样的犹太人之所以能站稳脚跟，其中一个原因是那些非犹太人富翁，都带着怀疑的眼光看待电影——从经济层面看，他们认为这个产业只不过会风行一时；从道德层面看，他们认为电影可能会遭遇道德窘境。"在大西洋唱片公司成立初期，美国主流社会对后爵士时代的音乐，尤其是蓝调、灵魂以及摇滚乐的其他前身，仍带有与此类似的轻蔑态度。但正是由于这种蔑视的存在，才为像艾哈麦特和杰里（其父亲是门窗清洁工）这些具有创业精神的边缘人群敞开了大门。

大西洋唱片公司的签约艺人和乐队包括雷·查尔斯、艾瑞莎·弗兰克林、奥蒂斯·雷丁、漂流者等。公司的艺人名单，简直就是那个时代灵魂的音乐名人录。在尼苏西的领导下，这家唱片公司的爵士艺术家团队也很稳定，包括查尔斯·明格斯和现代爵士四重奏。

后来，大西洋唱片公司还签下了很多著名摇滚明星，其中像英国乐队 Cream 和齐柏林飞艇这样的摇滚巨擘，都深受黑人音乐的影响。

1967 年，艾瑞莎·富兰克林、Cream 和其他大西洋唱片歌手红到发紫。威克斯勒认为，这是将公司变现的最佳时机。虽然艾特根兄弟对此并不感兴趣，但最后也妥协了。同年 10 月，大西洋唱片公司被卖给了华纳兄弟唱片公司，交易价相当于现在的 1 200 万美元左右。华纳愿意支付如此高昂的价格，证明了大西洋唱片背后的创业者发现并利用了一直被大型唱片公司忽视的重要机会。威克斯勒在公司一直工作到 1975 年。而艾哈麦特比他多待了几十年。两位合伙人都于 21 世纪初去世。

别人的资金：投资创业者

华纳兄弟唱片公司和大西洋唱片公司的交易在 20 世纪 60 年代的后半段很常见。不仅是娱乐业，还有很多其他产业也掀起了并购潮。从首次公开发行到可能被更大的公司高价收购，美国金融业的繁荣不仅为大型创业活动创造了条件，同时也让像大西洋唱片这种初创公司的合伙人带着丰厚的回报退出成为可能，进而刺激了各类创业活动。

推动并购热潮的一个因素，是 20 世纪 60 年代末期的高股价。1966 年股灾后，市场在几年间再创历史新高，之后在 1973—1975 年进入低迷期。20 世纪 60 年代末的高市值为公司扩张提供了充足的资本，使其有条件物色具有吸引力的收购目标。其他从高股价中获利的利益相关者包括 20 世纪 60 年代初按超低估值买入了许多公司股票的投资者，如沃伦·巴菲特。

巴菲特是当代美国第二大富豪。凭借合伙制投资公司令人称奇的高回报，他于 20 世纪 60 年代末吸引了所有美国人的注意。在副总裁查理·芒格的辅佐下，这位来自奥马哈的创业者成功扩大了自己的商业版图，建立了价值 3 000 亿美元的上市公司伯克希尔·哈撒韦公司（以巴菲特于 1964 年收购的一家纺织厂命名）。这家公司下辖多家公司，全资持有盖可保险、冰雪皇后等著名品牌以及可口可乐和 IBM 公司的重要少数股权。

1974 年，另一位知名投资创业者约翰·博格尔成立了先锋集团。先锋集团是一家专注于指数基金的共同基金公司，是交易所交易基金的主要提供者。这家总部设在宾夕法尼亚州的公司资产管理规模达 3 万亿美元，是美国最大的共同基金公司。和巴菲特一样，博格尔的家庭也在大萧条时期遭遇重创，两位投资大师都坚持审慎的投资原则。巴菲特和博格尔，以及美国其他著名的投资创业者，都建立了经久不衰的企业。通过扩张与创新，这些企业永久性地改变了美国及其他地区的财富管理格局。

20 世纪 70 年代，美国长期以来工业霸权的缺陷日益明显。在这个 10 年的大部分时间里，这个国家饱受通胀、能源危机和失业率偏高的困扰。同时，高效的外国竞争对手，尤其是日本企业，打入了美国的汽车与消费产品市场。这些进口商品虽有抄袭的成分，但外国竞争对手所实现的超凡效率确实体现了创新精神。一些新的行业的诞生，除了依靠充足的物质与人力资源外，倚仗的是美国人的聪明智慧和创业能量，20 世纪 70 年代，美国西海岸出乎意料地出现了一个被迫切需要的新产业。

两个辍学者的故事：史蒂夫·乔布斯、比尔·盖茨和电脑革命

加利福尼亚州的圣克拉拉山谷直到 20 世纪 70 年代初期才得名硅谷。但在之前的几十年，这一地区早已成为创业活动的温床，这在很大程度上要归功于弗雷德里克·特曼。这位斯坦福大学的工程学教授早在 20 世纪 20 年代末就开始游说政府资助大学师生与产业合作的项目。另外，他还积极鼓励学生将理念转化为商业实践，通过这种方式让斯坦福大学变成巨大的初创公司孵化器。他最有名的两名工程学学生是比尔·休利特和戴维·帕卡德，两人于 1939 年创立了惠普公司。在之后的几十年，斯坦福大学的毕业生还创立了其他著名公司，包括 SUN（斯坦福大学网络）微系统公司和思科公司。

但加州大学伯克利分校的学者安娜利·萨克森宁将硅谷的创业

活力归功于工作流动性。这一因素可以追溯到特曼以前——早在 1872 年，刚建成 22 年的加利福尼亚州就颁布了该州第一部民事法典，其中明确规定了保障加州人自由更换雇主的权利。在实践中，这意味着员工无须签订竞业禁止协议。这一条文的重要性在 20 世纪 50 年代的硅谷体现得最明显。当时，8 位工程师离开山景城的肖克利半导体公司，在附近的圣何塞市成立了仙童半导体公司。1968 年，其中两名工程师戈登·摩尔和罗伯特·诺伊斯再次出走，建立了另一家传奇硅谷公司——英特尔公司，安迪·格鲁夫之后也加入了这家公司。

英特尔于 1971 年推出第一台微处理器，并于同年成功上市，为硅谷的辉煌 10 年拉开了序幕。次年，森尼维尔市的雅达利公司成立。雅达利公司的产品在消费类电子市场上风靡一时，但其设备的功能却只局限于视频游戏。1974 年，史蒂夫·乔布斯在这家公司当了几个月的视频游戏设计师。很快，他就和自己的高中好友、毕业于加州大学伯克利分校的斯蒂夫·沃兹尼亚克一起，寻求实现设计更好的个人电脑的愿景。按照他们的构想，个人电脑比雅达利产品的功能要丰富得多。

史蒂夫·乔布斯是一名叙利亚留学生和其德裔美国籍女友的爱情结晶。史蒂夫·乔布斯一出生就被送给了养父母保罗和克拉拉。令史蒂夫生母失望的是，保罗和克拉拉连高中都没读完。因此，他的养父母不得不签署协议，保证让他上大学。后来，史蒂夫被送到俄勒冈州一家学费昂贵但崇尚自由的私立艺术学院——美国里德学院读书。但正如乔布斯在2005年斯坦福大学毕业生典礼上演讲时坦言的那样："读了6个月之后，我看不到上学有什么价值。我不知道要如何安排自己的人生，也不知道大学如何能帮我想清楚这个问题……所以，我决定辍学，相信一切都会顺利。"

和乔布斯形成鲜明对比的是，比尔·盖茨在1975年年底从哈佛大学辍学时，他不仅知道自己要如何安排人生，并且早已开始行动。这位20岁的哈佛大学辍学生和自己的老朋友保罗·艾伦刚刚斩获了来自首批微型计算机公司之一MITS的软件合约。1975年4月，盖茨在哈佛大学还没读完第五个学期（也是最后一个学期），这两个西雅图人就已经创建了微软公司。

考虑到美国是个年轻的国家（具体而言，太平洋西北地区是美国历史最短的地区之一），盖茨算得上出身名门，甚至到了显赫的地步。威廉·盖茨三世[①]的曾外祖父是第一国民银行的创始人J. W. 麦克斯韦尔；他的父亲威廉·盖茨二世是西雅图最有名的律师之一（目前已退休）。比尔在贵族学校湖畔中学就读期间，就已经表现出色。这所学校率先引入电脑后，当时13岁的比尔和15岁的好友保

① 也就是比尔·盖茨。——译者注

罗·艾伦开始沉迷于写代码。

比尔的背景和早年生活与史蒂夫有着天壤之别。但两位创业者都在同一个关键时期，站在了个人电脑革命的最前线。苹果公司于 1976 年 4 月成立，距离微软创建正好一年。沃兹尼亚克在乔布斯家位于库比蒂诺市的车库中亲手缔造了苹果公司。苹果电脑一代虽然用户有限，但令人惊喜。苹果电脑二代加强了电路板（由沃兹尼亚克负责），蜕变为更具有吸引力的多合一商品（在乔布斯的力推下配备了键盘和机箱），实现了巨大的成功。IBM 和其他传统“主机”电脑制造商注意到，一场革命正在悄然兴起。

到 1980 年，IBM 急于在新兴的个人电脑市场上展开竞争。微软在 20 世纪 70 年代末就已经开始成功地为硬件制造商供应软件产品。于是，IBM 邀请微软提供运行系统，而微软决定从当地的西雅图计算机产品公司 SCP 购买这种系统。盖茨总共只花费了 75 000 美元就从 SCP 买断了 DOS 系统的版权。但当 IBM 想从微软买断这一运行系统时，盖茨一口回绝。他要求每台 IBM 电脑安装 DOS 系统时，都要支付一笔授权费。另外，微软还向其他刚刚进入市场的新个人电脑制造商出售软件。这次胜利被人们奉为展现盖茨精明谈判技巧的经典案例。到 1983 年，全球每 3 台个人电脑中，就有一台安装的是微软的软件。

同年 10 月，盖茨和乔布斯都参加了苹果公司在夏威夷为麦金塔电脑举办的新品推广会。该产品预计于 1984 年 1 月面世，使用的是微软的软件。盖茨宣称："要想设定新标准，就得拿出真正的新东西，牢牢抓住公众的想象力。而麦金塔电脑……是唯一能达到这一标准的。" 4 年后，盖茨的公司（艾伦已于 1982 年离职）发布了 Windows 2.0，微软被指抄袭麦金塔电脑广受欢迎的图形用户界面(GUI)。之后几年，微软面临来自四面八方的以反竞争行为为理由的攻击，包括口头谴责和法律诉讼——盖茨对此予以强烈否认。

对乔布斯而言，从长期来看，Mac 电脑将成为苹果的标志性产品，至少在 2007 年 iPhone 上市之前一直如此。但尽管如此，20 世纪 80 年代的苹果公司仍然一片动荡。1985 年，前百事首席执行官约翰·斯卡利①带领苹果董事会将乔布斯从苹果公司扫地出门。乔布斯本人是公认的营销、销售和消费类产品设计方面的大师。但与此同时，他易怒的管理风格，也招致了诸多怨恨，尤其在一些苹果产品（如 Mac 电脑）销量欠佳的情况下。虽然此次解聘在情感上对乔布斯打击很大，但他抓住这个机会进行了多项创业活动，皮克斯动画工作室就是其中最重要的一项。乔布斯倾注了 20 多年的心血帮助皮克斯成长。而让他成为亿万富翁的，也是皮克斯，不是苹果。

---

① 约翰·斯卡利是乔布斯亲自出马从百事请来当苹果的 CEO 的。——译者注

另一边，盖茨从 1986 年开始就已经晋级亿万富翁。到 2006 年乔布斯以 76 亿美元将皮克斯出售给迪士尼时，盖茨早已成为世界首富，其资产净值超过了 500 亿美元。2006 年对盖茨来说也是重要的一年。他在这一年决定远离微软的日常管理工作。盖茨自此与妻子梅琳达和朋友沃伦·巴菲特及爱尔兰摇滚明星博诺等著名慈善人士紧密合作，将大部分时间和 300 亿美元个人财富中的大部分奉献给了慈善项目，其中一些项目宗旨是鼓励在农业、生命科学及能影响世界贫穷人口生活的其他领域的创业活动。

1997 年，乔布斯在苹果公司濒临绝境之际重回苹果。在接下来的 10 年，焕发新生的苹果公司实现了一系列非凡创新，其中包括 iMac、iTunes、iPod 和 iPhone 产品。乔布斯曾在一次电视采访中说："只要你体悟到一个简单的事实，生命就可以更广阔——周围一切你所称之为生活的东西，都由不及你聪明的人创造。你有能力改变它、影响它，你可以自己做东西给别人用。"这位无畏的创业者在计算机、动画、音乐和电信行业掀起了变革。直到 2011 年英年早逝，他一直都奉行自己的这句话。

乔布斯和盖茨的公司都对 20 世纪末的个人电脑革命起到了至关重要的作用。随着 20 世纪 90 年代中期互联网的普及，个人电脑以及网络节点在全球无处不在，Windows 运行系统也是如此。这些共同性强化了互联网的影响，让人们能以快捷而无缝的方式与地球另一端的人协作，就好像对方就坐在走廊对面一样。乔布斯、盖茨以及来自网景和 20 世纪末其他美国公司的创业者们，携手为 21 世纪全球化程度更高的商业世界奠定了基础。近年来，创业活动的国际化程度逐步提升。正如下一章所述，有些创业活动甚至已经扩展到地球之外。

A BRIEF HISTORY OF ENTREPRENEURSHIP

第9章

全球扁平化和太空探索

留意自己理想中的国际因素。从本地起步时，就要构想早日实现国际化。

——伊斯莱摩尔·阿依沃尔，加纳企业家

托马斯·弗里德曼长期担任《纽约时报》的国际事务专栏记者。2005年4月，他所著的《世界是平的》第一版出版。一年后在威廉姆斯学院演讲时，他介绍说这本书的灵感实际上来源于他2004年的一次印度之旅。弗里德曼说："一位印度创业者提出在班加罗尔帮我处理纳税申报；另一位印度创业者希望在班加罗尔帮我写新软件；还有一位印度创业者想在班加罗尔查看我的X光片；还有一位印度创业者从班加罗尔帮我追踪在达美航空的航班上丢失的行李。面对他们，我突然产生了一种眩晕感。我感到全球化故事有了重要进展，可我却完全错过了。”

我在 2004 年（和弗里德曼宿命般的印度之行是同一年）夏季有过相似的经历。当时，我正考虑在硅谷开办一家咨询公司，于是拜访了圣何塞地区的一些写字楼租赁单元。其中一处是由印度的一位创业者转租的。在会面过程中，他提出可以帮我打理“所需要的任何薪资和人力资源服务”。他解释说，这些服务由常驻印度的人力资源专业人士提供，目前已有很多硅谷中型企业正在接受这样的服务。这些公司将人力资源职能外包给低成本的印度员工后，“EBITDA（衡量企业盈利的重要指标）都有明显增长”。

由于早前我已读完了技术学位，所以我之前就注意到软件制造业已被外包到印度、俄罗斯和其他成本较低的亚洲和东欧国家。另外，因为我最近结识了一位曾经在硅谷地区做装配线工人的朋友，知悉他的工作被外包到了中国，所以我也注意到了境外生产日益普遍的现象及其对美国的影响。

但连人力资源这种职能都被转包到海外，这样的事实清楚地证明，这个刚联系起来的世界，已经为创业者，尤其是外国创业者敞开了机会的大门，同时也将西方工人置于更脆弱的境地。按照弗里德曼的说法，全球商界已经扁平化。也就是说，之前的竞技场上只有美国人、西欧人、加拿大人、澳大利亚人；从 20 世纪 70 年代起又加入了日本人。现在，这块场地已向所有人开放。

金砖国家的建设

1980 年是中国实施一系列经济改革政策以鼓励私人创业并吸引外资的第三年。印度的发展轨迹要慢很多。自 1947 年脱离英国独立以来，印度在大部分时间里都和苏联结成统一战线。但不管怎样，印度是民主制国家——即使其经济主要由政府掌控。直到 1991 年，印度政府才开始经济自由化改革项目，以唤醒停滞不前的印度经济。

1980 年，中国和印度一共占全球经济产出的不到 5%。35 年后，这一比例已增至 23%以上。因此，虽然娜奥米 · 克莱恩和其他反全球化分子强调中国和印度一些地区的劳动力与环境状况在不断恶化，但至少从增长的角度来看，这两个国家最近几十年所开展的自由市场改革无疑是成功的。巴西、俄罗斯和南非也实施了类似的改革，改革力度各不相同。这些国家和中国、印度一起构成了“金砖五国”，在经济分析师吉姆 · 奥尼尔于 2001 年提出的“金砖四国”说法的基础上有所扩展。

经济改革常伴随着像苏联解体这样的政治事件而发生，同时也借助美国创业者所引领的技术全球化过程而显著提速。一旦技术基础设施成形，发展中国家创业者在意识到其中蕴藏的巨大机会后，就会加速推动扁平化进程。因此，“金砖五国”经济的增长，以及更广泛的全球化进程本身，其根源主要来自全球各地创业者的不懈努力。“金砖五国”目前在全球经济中所占比例超过了30%。而从某些指标来看，中国已经成为全球最大的经济体，占“金砖五国”经济产出的一半以上。

但近年来，“金砖五国”的经济增速已开始放缓，难回21世纪初的两位数增长率。例如，2015年1月，通用汽车总裁丹·阿曼告诉投资者，通用已投入大量资源的中国市场“正在迅速成熟”。经济增速超过“金砖五国”的国家包括“薄荷四国”（墨西哥、印度尼西亚、尼日利亚和土耳其）和“RISE四国”（卢旺达、科特迪瓦、塞拉利昂和埃塞俄比亚）。值得注意的是，卡洛斯·斯利姆就是墨西哥人。这位企业家在多个行业和国家持有大量股份，在过去十年中数次荣登福布斯400富豪榜的榜首。同时，“RISE四国”代表了撒哈拉以南非洲地区发展速度最快的一些经济体，而该地区本身则是全球经济增速最快的地区。

我们所处的这个世纪，已经见证了经济增长和购买力中心，从美国和西欧向亚洲（最明显）、拉美、非洲等地区稳步转移。这些地区的经济增长主要靠私人创业拉动，而一些全球最激动人心的创业发展，都发生在20世纪商业人士基本毫不关心的国家。为了生动地介绍这一革命性的转变，本章探索在四个新兴经济体中发生的令人瞩目的创业故事。

中国的比亚迪：靠电池推动梦想

王传福出生在中国东部的安徽省，父母都是农民，没什么钱，也没受过多少教育。王传福还在求学期间，双亲就去世了。因为成绩优异，王传福考入了中南大学，并于 1987 年获得冶金物理化学专业学位。3 年后，他从北京有色金属研究总院毕业，获得硕士学位。毕业后他留院工作，担任副主任，牵头与冶金工程相关的研究项目。

20 世纪 90 年代中期，随着手机进入中国市场，王传福对其高昂的售价感到震惊，尤其是考虑到当时富裕阶层以外的其他中国人的收入水平。经过调研，他发现手机售价过高的主要原因是手机电池成本高。伯克希尔·哈撒韦公司副总裁查理·芒格对王传福的评价是“托马斯·爱迪生和杰克·韦尔奇的综合体”。这个“综合体”洞察到了商机。他意识到，成熟的工程技术，再加上中国低廉的劳动力成本，能显著降低这种电池的生产费用，从而使手机售价降低到使更大比例的中国人都可以接受的水平。

于是，王传福在 1995 年和朋友夏佐全共同创立了新公司，并将其命名为比亚迪（Build Your Dream，BYD）。这个名字很贴切，因为公司无论从技术上还是财力上都在稳步壮大。王传福从亲戚处借钱，获得了相当于今天 50 万美元的种子资金。比亚迪用只有一台机器人外加 600 名员工的低技术装配线代替了亚洲电池制造商普遍使用的成本高昂的自动化工厂，因此降低了成本。

连同一系列其他创新的成本削减和生产优化措施，比亚迪成功实现了目标，其生产的手机电池不仅质量好，而且成本比竞争对手低差不多40%。比亚迪的总部设在著名的工业中心——中国南方城市深圳。比亚迪很快成为全球最大的手机充电电池生产商。之后，该公司利用在手机电池领域的成功，签约为芬兰通信巨头诺基亚生产手机。

到2003年，比亚迪在全球手机电池市场中几乎占有50%的份额。王传福将目光转向了更大的产业——汽车市场。比亚迪此时已经熟练掌握了高效制造的艺术。为了开发汽车业务，比亚迪新建了一家大型汽车装配厂。每年，这家公司仅在中国就能售出50万辆小型和超小型燃油和混合动力汽车。比亚迪混动汽车和纯电动汽车使用的都是公司自产的品质突出但成本相对较低的汽车电池（见图9-1）。

图9-1　比亚迪E6

伯克希尔·哈撒韦公司看好这些创新绿色技术丰厚的回报潜力，于 2008 年斥资 2.32 亿美元收购了比亚迪 10%的股份。考虑到沃伦·巴菲特在中国的名气非常大，所以伯克希尔的这笔投资对进入汽车行业才 5 年的比亚迪来说，无论从公信力上还是从估值上，都是个重大利好。另外，这宗交易也将当时年仅 42 岁的王传福推上了很多人觊觎的中国首富的宝座。现在，这位比亚迪创始人的净资产在 50 亿美元以上。这位农民的儿子，通过创业活动的阶梯，成功攀升到亿万富翁的高度。

近年来，比亚迪已从锂电池制造向 100%磷酸铁电池制造转移。铁电池除了环保和防火外，使用周期比锂电池长很多，因此能在单次充电后行驶更长距离。几年以来，比亚迪的纯电动汽车业务都只取得了工程设计上的成功，在经济上没有太多回报。虽然纯电动汽车的销量差强人意，但是王传福和他的团队在电动公交车板块取得了一定的成功。

随着中国对智能手机的需求达到前所未有的高度，比亚迪手机电池业务持续繁荣。另外，公司的燃油汽车销量——尤其是新推出的 S6 和 S7 运动型多用途汽车后——稳步攀高。但从长远来看，王传福和公司的很多投资者最感兴趣的，是在一个拥有 13.6 亿人口、经济焕发活力但污染日益严重的国家销售纯电动汽车。2014 年中国纯电动汽车销售额增长迅速——虽然仍只有 7.5 万辆。在王传福的领导下，比亚迪将在这个世界人口最多的国家迎来的绿色交通业快速增长的趋势下获得巨大的利益。同样的道理，MercadoLibre 也致力于从全球第二重要的新兴大陆——南美洲的快速增长中受益。

阿根廷的 MercadoLibre：解放拉美

19 世纪，几乎所有的拉美国家都脱离了西班牙和葡萄牙的殖民统治而完全独立。但在 20 世纪，尤其是第二次世界大战后，这一地区仍备受外国列强的干预。随着苏联与美国 2 个月的冷战愈演愈烈，拉美成为代理人冲突的重要战场。两大超级大国为中南美国家的对立政党或准军事势力提供资金甚至武器。冷战时期的这些外国干预，加上治理不善、腐败和社会经济分化等严重的内部问题，导致了拉美国家政治和经济的不稳定性，直到 20 世纪末这些问题依然困扰着拉美大部分地区。

近年来，拉美环境已经明显改观，至少从商业角度来看确实如此。该地区一些最大的经济体不仅鼓励，还积极地扶持创业活动。智利在这方面的表现尤其突出，该国目前是拉美第六大经济体，在该地区处于领先地位。2010 年，智利政府推出了“启动智利”计划，向全球各地的优秀创业者提供为期一年的签证和 4 万美元的种子资金，方便他们在智利创业。

除了智利外，墨西哥、秘鲁和巴拿马也实施了旨在鼓励创业的改革。巴拿马在 20 世纪 80 年代经历了经济崩溃和武装冲突，但现在已被视为全球最鼓励创业的国家之一。专门研究拉美地区经济发展的学者托马斯·贝克尔早在 2004 年就发现，随着该地区“政治目标被经济目标所取代，政府对个人创业的态度更具有合作性，而不是对抗性”。这些大型经济体正在尝试所谓的“自由市场改革”。而我们要重点介绍的是这一地区一家名为 MercadoLibre 的公司（意为“自由市场”）。

一位古罗马剧作家曾洞察到，“天佑勇者”。很多创业者的成功似乎都印证了这句名言。当我得知一位热衷于创业的阿根廷年轻人如何为 MercadoLibre 筹集至关重要的种子资金时，我的脑海里就浮现出了“勇者”这个词。1999 年，28 岁的马科斯·加尔佩林在斯坦福大学攻读工商管理硕士学位。在来自达拉斯的私募股权基金合伙人约翰·缪斯结束其讲座后，加尔佩林主动提出送他去机场。在路上，这位阿根廷技术狂人向缪斯推销他在拉美打造类似 eBay 的拍卖平台的想法。等他们到达机场时，MercadoLibre 已经获得了希克斯、缪斯、泰特和弗斯特基金提供种子资金的承诺。到 2000 年 5 月，MercadoLibre 已经从摩根大通、高盛、通用和西班牙国际银行融资 5 000 万美元。

在结束工商管理硕士课业之前，马科斯与堂兄马塞洛·加尔佩林及阿根廷同伴赫尔南·哈撒已经开始努力创业了。他们聘请了来自不同国家的斯坦福大学同学，以开展公司在他们祖国的业务。按照最初的规划，MercadoLibre 面向阿根廷和墨西哥，而 MercadoLivre（葡萄牙版本）则面向拉美最大经济体巴西。很快，他们的业务迅速扩张到委内瑞拉、哥伦比亚、乌拉圭、智利和西班牙。除西班牙之外，这家总部位于布宜诺斯艾利斯（阿根廷首都）的公司目前仍在所有上述国家开展业务，并且成功地进入秘鲁、厄瓜多尔、哥斯达黎加、多米尼克共和国、巴拿马和葡萄牙市场。

加尔佩林于 2001 年向美国科技周刊《首席信息官》介绍："拉美人习惯讲价，而且不会丢掉用过的东西。"正是由于这个原因，网上拍卖平台"在这些国家是极好的模式"。这一地区的消费者有很多东西出售，因此他们经常光顾这个被定义为"买卖市集"的地方。当我告诉我来自拉美的妻子，我要在本章重点介绍 MercadoLivre（葡萄牙版本）时，她指着从这个网站上买来的几样东西，向我介绍了这个网站的运行方式以及它在她的祖国巴西有多么流行。

最后，MercadoLibre 发现固定价格平台比拍卖平台的人气更旺。于是，加尔佩林作为多项创业奖项的得主，灵活地对企业重点做出了相应调整。他告诉非营利性创业教育组织 Endeavor，自己的公司将"很快转型为电商平台，因为用户更倾向于'固定价格'模式"。在这个拉美领先的电商平台上出售产品或服务的商户需要支付"发布费"，具体收费取决于他们的广告有多显眼；在处理交易的过程中，MercadoLibre 通常也会收取一定的佣金。

在不断寻找其他收入来源的过程中，这家公司还建立了自己的支付系统 MercadoPago 和自己的送货系统 MercadoEnvios。目前，该公司年收入已接近 6 亿美元，拥有 1.1 亿名注册用户，从很大程度上实现了自己的愿景。马科斯·加尔佩林的个人资产净值已经超过了 4 亿美元，但他仍不满足现有成就。毕竟，MercadoLibre 的年收入虽然可观，但与激励这位斯坦福大学毕业生创业的硅谷电商巨头的数据相比，这个成就不值一提了。

但和服务于技术成熟型市场的公司相比，MercadoLibre 的增长空间更大：互联网（更确切地说，是电子商务）在拉美地区的普及程度仍在迅速增长。1999 年 MercadoLibre 成立时，该地区只有 2％的人口能上网。同时，公司的竞争地位也达到了前所未有的巅峰，该电商平台在所有拉美国家都排名第一：eBay 持有 MercadoLibre 的大量股份，被禁止在该地区竞争。加尔佩林的公司已经收购了很多当地竞争对手。因此，对 MercadoLibre 而言，现在就是这位阿根廷创业者所说的“大胆构想并付诸行动”的绝佳时机。将宽带互联网引入西非的范克·欧派克也会同意这一观点。

尼日利亚的 MainOne 公司：为新经济体提供基础设施

20 世纪同时见证了撒哈拉以南非洲的胜利和动荡。除了于 1847

年独立的利比里亚和于 1941 年驱逐了墨索里尼的埃塞俄比亚之外，这一地区其他国家直到 20 世纪的下半叶才获得独立。第二次世界大战令英法等老牌殖民国家元气大伤，无论人力还是经济实力都大不如前，难以继续控制非洲领地。到 20 世纪 50 年代末，多米诺骨牌开始倒塌：从 1957 年加纳独立到 1980 年津巴布韦独立，该地区的所有欧洲殖民地都获得了独立。1994 年，纳尔逊·曼德拉当选南非总统。此后，这一地区的国家都实现了自治。

对某些国家而言，从殖民地附属国到主权国家的过渡相当顺畅。例如，我认识的一个人于 20 世纪 60 年代中期在加纳工作了几个月。他回忆说，当时这个国家很安全，也很稳定。但在其他一些被解放的国家，比如前比利时殖民地卢旺达，殖民势力撤走后所造成的权力真空，就是使长期无法解决的种族问题演变为内战的原因之一。这些冲突无疑阻碍了当地的经济发展，进而导致创业机会大幅减少。腐败和鲜明的阶级分化让该地区某些国家的创业问题和更广泛的社会阶级流动性问题，变得愈发复杂。

但和在 20 世纪遭遇相似问题的拉美一样，非洲的商业环境已经明显好转。例如，卢旺达在 20 世纪 90 年代是全球国内局势最动荡的国家之一，现在却一跃成为全球增速排名前十二的经济体。事实上，根据世界银行的统计，撒哈拉以南非洲地区有 6 个国家经济增速排名全球前十二。埃塞俄比亚在 20 世纪 80 年代还饱受饥荒之苦，目前已经在经济增速名单上名列榜首，其经济年增长率达到9.5%——几乎是全球平均增长率的3倍。非洲巨大的经济增长机会，吸引了许多创业者和投资者的关注。

出生在苏丹的亿万富翁穆罕默德·易卜拉欣在2009年接受美国记者采访时表示："确实，我们存在各种各样的问题，但非洲是一片辽阔的土地。"这位非洲通信企业家和反腐积极分子继续说："可能其中四五个国家问题严重……但在商界，只要现实和构想之间有差距，就一定蕴藏着商机。"近年来，具有创新意识的非洲人利用这一差距，瞄准了在全球经济增速最快地区的长期收益。在这些新崛起的非洲创业者之中，其中一名最有影响力的便是尼日利亚的范克·欧派克。

欧派克在尼日利亚的伊巴丹出生、长大，他在少年时期理科成绩就名列前茅。结束高中学业后，这位年轻女孩到尼日利亚奥巴费米-阿沃洛沃大学攻读电气工程专业。1981年，欧派克从该校毕业后，被哥伦比亚大学的电气工程专业研究生部录取。拿到硕士学位后，欧派克在接下来的21年就职于美国的电信和互联网行业，最后被提拔为威瑞森电信公司的高管。2005年，这位电信业资深人士回到自己的祖国，出任尼日利亚电信公司的首席技术官。这家国有电信运营商目前已经解体。

由于多重原因，这个职位给欧派克带来了诸多失望。于是欧派克和管理团队的其他成员于 2006 年集体辞职。但在尼日利亚电信公司任职期间的经历给欧派克带来了创建 MainOne 公司的灵感，欧派克于 2007 年开始规划这个项目。欧派克认为，无论尼日利亚电信公司，还是其他试图在尼日利亚创立的电信和互联网行业公司，都因尼日利亚基础设施的不完善而遭遇困扰。如果基础设施不足的问题不能得到解决，不仅是尼日利亚这个国家，甚至更广大的西非地区，都将继续落后于世界大部分地区。更确切地说，欧派克“意识到海底电缆是整个链条上最脆弱的环节”。她在 2012 年接受英国期刊 *Total Telecom* 采访时也是这样说的。

因此，她担负起了在欧洲和非洲之间铺设水下光纤电缆的艰巨任务。这种电缆由石英玻璃光纤制作而成，能通过光信号传输数据，因为传输速度很快，所以能提供高速而不间断的互联网服务。为了将这种服务引入西非，欧派克于 2008 年创立了 MainOne Cable 公司，并通过出售股权和债券筹集到所需的 2.4 亿美元。费用主要用于 4 500 英里海底电缆的铺设，从葡萄牙出发穿过地中海，然后穿过几个国家，最终到达尼日利亚和加纳。到 2010 年年底，西非通过 MainOne 公司第一次用上了宽带。

通常情况下，工程师都不擅长创业，但欧派克是个例外。随着公司将宽带服务出售给 100 多家西非分销商，公司实现了对股东和债权持有人承诺的全部财务目标。MainOne 公司还为越来越多在西非经商或从事政府项目的外国公司提供数据服务。

虽然欧派克给股东带来了高额回报，但她创业的源动力来自对祖国和整个西非地区经济发展的担忧。她于2014年接受尼日利亚报纸访问时表示："真正让我有成就感的，是看到Konga.com和Jumia.com等公司和教育机构在工作中能使用互联网。我们确实带来了改变。"和欧派克一样，"俄罗斯沃尔玛"的创始人谢尔盖·加利茨基也兼具坚韧、商业智慧和技术知识，也成功地带来了改变。

俄罗斯的马格尼特连锁超市：传统零售与创新的结合

1922年，经历了漫长而血腥的内战后，代表社会主义的苏联红军终于战胜了代表保皇派的白军。从这一年到20世纪80年代苏联总统戈尔巴乔夫的开放和重建改革开始启动，这段时期苏联的创业活动具有两面性。得益于政府资助的科学、工程技术和武器项目，苏联时代取得了显著的创新成果。但创业创新与苏联的理念对立，因此除了在黑市走私商品和无良官员兜售的"创业"机会，私人创业活动在苏联备受压制。

苏联解体后，俄罗斯从计划经济向类似自由市场模式的经济体制转型，这一过程非常痛苦。政府降低了关税，放宽劳动法并鼓励外商投资。但一些行业（包括俄罗斯巨大的采油与炼油业务）的私有化进行得太快，以至于政府撤出后所形成的权力真空常被私人垄断资本家利用。因此，从一定程度上来讲，俄罗斯经济从极权主义转变为寡头垄断模式，这对底层民众的创业活动并不利。更糟糕的是，国家的转型方式经常缺少规划，为一些犯罪分子趁乱牟利创造了条件。

维克托·布特就是在苏联解体后通过犯罪活动致富的典型例子。他被称为“制裁破坏者”或“死亡商人”，曾在苏联军队服过几年兵役。退伍后，他利用自己在服役时掌握的一些关系和信息开始打造国际武器贩卖生意。从 20 世纪 90 年代到 2010 年被捕，布特向在中亚、非洲甚至拉美参与血腥冲突的武装分子出售了多种武器，包括能击落直升机的 AK47。按照布特传记作者的说法，考虑到俄罗斯不再是社会主义国家，布特和其他人能“向任何人出售武器，因为意识形态敌人已经不存在，有的只是潜在客户”。

随着之前的意识形态束缚的消失，俄罗斯向买方出售的不仅是石油和军事硬件，还有出色的科技和工程人才。就在“铁幕”落下后不久，从中欧到中亚的所有苏联加盟国家，都随着互联网的普及更近距离地接触到发达国家。这对该地区的软件创业者来说是个绝佳的时机，因为曾经将他们和西方隔离开来的政治和组织障碍都已经不复存在。像印度同行一样，俄罗斯、乌克兰、保加利亚和该地区其他国家的技术创业者都通过雇用本地的软件开发人才，参与西方的编码和设计项目而获利颇丰。

马格尼特超市的创始人谢尔盖·加利茨基和这些软件创业者都是一代人。但他对国家优秀编程人才的利用方式不同：马格尼特是全球最大的零售连锁品牌之一，倚仗的是全球最成熟的企业资源规划（ERP）系统。这一系统完全由公司内部编程团队独立开发，能确保及时补货，从而保证每家马格尼特超市的货架上都能摆放适当类型和数量的新鲜商品。这种精确度有助于在保证高客户满意度的同时，最大限度地降低库存商品数量。

加利茨基（本名艾罗秋尼安）是亚美尼亚裔俄罗斯人，在俄罗斯南部的索契市出生并长大，并拥有库班国立大学的学士学位。1994 年，他在附近的克拉斯诺达市创立了一家化妆品与家用清洁产品批发分销公司。到 1998 年，随着加利茨基的分销业务扩展到零售领域，马格尼特连锁超市诞生。如今，这家公司在俄罗斯共有 10 000 多家店面，包括便利店、超市、百货商场和化妆品店。值得注意的是，沃尔玛超市在全球共有 11 000 家门店。加利茨基的创业灵感似乎来自总部设在阿肯色州的零售业巨头沃尔玛所取得的成功：马格尼特的口号是“永远低价”，听起来像是沃尔玛“天天低价”的翻版。

除了依靠技术优势，马格尼特还受益于精明的扩展战略。当竞争对手还在俄罗斯大城市厮杀时，加利茨基巧妙地在竞争不太激烈的小型人口中心扩张，避免马格尼特与最大的竞争对手正面交锋。一旦公司获得了足够的经济实力，马格尼特就开始向竞争更为激烈的市场渗透。加利茨基还在2010年建立了马格尼特自有的大型温室基地，以创新的方式解决了采购问题。自2011年以来，该基地已经开始向马格尼特连锁超市提供优质的马铃薯和黄瓜。

如今马格尼特员工人数已经增至26万人。在俄罗斯由于近期油价下跌而使经济遭遇重创的背景下，马格尼特公司是俄罗斯重要的用人单位。该公司已经在伦敦证交所上市，市值超过185亿美元。而马格尼特的创始人也成了俄罗斯第15大富豪，资产净值预计达83亿美元。加利茨基的财富建立在技术、农业、战略和俄罗斯人崇尚的其他元素的基础之上。因此，他成为这一地区那些雄心勃勃的创业者心中的楷模。

东欧的一位美国商业作家克雷格·霍尔在2001年洞察到："即使在过渡期比其他前社会主义国家都顺畅很多的匈牙利，普通人也无法想象不靠滥用权力和犯罪活动过上富裕生活。这种观点也很正常。"但加利茨基和苏联加盟国家其他创新创业者的存在，使这种观点正在逐渐转变，尤其是随着该地区的年轻一代开始创业。美国期刊《企业家》2013年的一份研究将莫斯科评为全球"前20大创业生态圈"的第14位。

遍布全球的商机：新的全球竞技场

21 世纪初的扁平世界理论主要关注原第二世界与第三世界国家的创业者如何向第一世界出售自己的产品和服务。而在 21 世纪第二个 10 年进行到一半之际，全球的创业活动已经变得更加多元化和多向化。向西方国家出售后勤部门服务的印度创业者确实仍然存在，但“金砖五国”和其他新兴经济体也已经明显成熟。其中一些国家形成了庞大的资产阶级，薪酬差距也不再像从前一样明显，因此之前的局面已经从一定程度上发生了改变，让这些国家的消费者和企业都成为发达世界创新创业者的目标。

例如，在提供咨询服务的过程中，我在两年前接触过加州的一家公司，专门安排中国富裕企业家的子女到美国西海岸最好的小学就读；加拿大的一家初创企业，向巴西亚马逊地区的偏远社区出售现场保健诊断服务和产品；总部设在得克萨斯州的一家石油工业顾问公司专门服务撒哈拉以南非洲的客户。因此，从很多方面看，对任何创业者来说，全世界到处都是触手可及的供应商和市场，无论这位创业者来自哪个国家、哪个角落。

准备发射：创业活动和即将到来的太空时代

1994 年，美国土木工程师协会和商界人士在新墨西哥州的阿尔伯克基齐聚一堂，讨论太空旅游业的技术与经济可行性。更确切地说，他们讨论了太空梭和太空旅馆等只存在于想象中的事物。参会人员得出的结论是，面临的技术障碍虽然很多，但都能克服。在他们看来，财务难题才无法克服，也就是说，如何使太空旅游业实现赢利是个难点。

但以今天的眼光来看，这场会议达成的共识似乎过于目光短浅。2001—2009 年，总部设在弗吉尼亚州的太空探险公司已经向 7 位超级富豪收取了每次 2 000 万～2 500 万美元的太空旅行费用。他们乘坐的都是由俄罗斯联邦航天局驾驶和操作的联盟号火箭。另外，资深创业者埃隆·马斯克的 SpaceX 项目已经开始赢利，并且收到了大量旅程预订——这家总部设在加州的公司已经收取了 50 亿美元以上的预约费。即便在太空旅游业仍处于价格过高的起步阶段，人类对太空旅行的需求已经很旺盛。另外，从硅谷的风投资本家到像微软联合创始人保罗·艾伦和谷歌联合创始人拉里·佩奇这样的天使投资人，都急于投资这一人类“最后的边界”。

新墨西哥州会议的与会者正确地预见到，这一目标面临的工程技术问题能被克服。但即便如此，技术挑战还是很有难度的。例如，要想到达轨道，航天器必须至少达到 17 650 英里的时速，而地球上最快的载人飞机的速度还不到这个数字的 1/3。因此，要将太空旅游转变为舒适的客运方式并不简单，更不要说将其价格降低到福布斯

400 富豪榜以外的普通人都能接受的水平了。

英国的理查德·布兰森和美国的埃里克·安德森填补了因公共部门降低对太空探险的投入而形成的真空。他们为广泛的研究和开发工作提供了资金，最终让现有技术进步成为可能。例如，虽然苏联曾在太空项目上取得了传奇式的成就，但 20 世纪 90 年代之后，俄罗斯政府对这一领域的投入变得非常有限，甚至将太空事业开放给一群以美国人为主的创业者，让他们利用宇航员训练中心和国家的联盟号火箭牟利。但在 2005 年，俄罗斯重新启动了太空项目。

美国政府近期削减了对太空项目的投入，此举给美国太空行业的创业者带来了多重挑战，同时也创造了诸多机会。提及此事，天文学教授兼作家克里斯·英庇近期注意到，互联网业和太空旅游业的创业模式存在“惊人的相似性”。20 世纪 90 年代，一群创业者将互联网引入大众生活，并提升了其功能性。而目前，私人投资和投入正在推动太空旅游业不断发展。英庇写道：“私营企业的创业者加入后，两个行业都实力大增。私人企业的投资已经远高于政府投资。”

太空探险公司

彼得·戴曼迪斯是麻省理工学院培养出来的航空工程师，是哈佛大学培养的董事总经理，也是一生都永不停步的创业者。他代表了太空行业既有冒险精神又博学多才的中坚力量人群，必将在这个新兴产业大有作为。1992 年，当时只有 31 岁的纽约人戴曼迪斯建立了以体验宇宙飞行失重感为卖点的零重力公司。这种体验可以在 U 形飞行器中实现，让参与者体验在太空中的感觉。零重力公司以差不多5 000 美元一次的价格出售这种太空旅行模拟服务，在 2007 年为斯蒂芬・霍金提供了数次体验，因此登上了新闻头条。

1997 年，戴曼迪斯和航空工程师埃里克・安德森以及迈克・麦克道尔共同创立了太空探险公司。麦克道尔专门安排探险旅行者到南北极旅行，生意一直很好。这家总部设在弗吉尼亚州的公司注意到 20 世纪 90 年代末，俄罗斯的宇航员训练中心一直处于闲置状态。于是，他们和航天城签订了协议，太空探险公司因此获准使用俄罗斯的设施、航天舱模拟器以及航天服等。在 2001 年之前，全球第一家太空旅游公司的业务模式，就是每周末在航天城提供价格为 10 000 美元的训练体验。

2001 年 4 月 28 日，太空探险公司和俄罗斯联邦航天局合作，以 2 000 万美元的价格，将来自加州的投资富豪丹尼斯・蒂托送上了太空，他在太空轨道上生活了 8 天。如前文所述，几位钻石级客户随后也开启了太空之旅，包括太阳马戏团的法裔加拿大籍创始人盖・拉利伯特，他在 2009 年花费 2 500 万美元体验了太空旅行。太空探险公司倚仗的是俄罗斯太空项目的硬件和人才，因此从技术发展的角度看，其对太空旅游业的贡献不及本章介绍的其他企业。但该公司是最早成功实现太空旅行商业化的公司。至于技术进步的任务，就留给别人吧，比如反应引擎公司的工程师们。

反应引擎公司

反应引擎公司是全球顶尖的太空旅行公司。例如，在 2014 年 1 月，这家英国公司和美国空军针对极超音速发动机签订了联合研究与开发协议。总工程师艾伦·邦德是 SABRE 发动机的创业者。按照该公司的说法，这一突破性“火箭发动机专门用以推动航天器直接进入太空（采取单级入轨的方式），从而保证太空旅行的可靠性、响应性和性价比”。提到太空探险，反应引擎公司的愿景不局限于火箭，还包括 Skylon 航天飞机。

Skylon 航天飞机的设计已经完成，但仍处于建造阶段。这种无人机和大多数航天火箭不同，可以循环使用。但装配 SABRE 发动机的 Skylon 其惊人之处在于，它可以从任何普通机场跑道起飞进入太空。太空旅游业已经为建设太空站花费了几亿美元。如果 Skylon 的性能真能达到预期，那么它将给这一行业带来颠覆性的影响，同时也会给反应引擎公司带来明显的竞争优势，因为该公司的航天飞机比需要量身定制太空站的太空飞船更通用、更有价值。在反应引擎公司努力寻求以更好的方式进入太空时，拉斯维加斯的一位旅游业创业者已经开始规划游客们进入太空之后的住处了。

毕格罗宇航公司

美国全国广播公司财经频道近期在介绍“可扩展式活动模块”时评价道，“空间上的一小步，私人创业的一大步”。这种产品是“可扩展的太空居住空间”，将随 SpaceX 火箭发射。这是毕格罗宇航公司进入运行轨道的第三个模块。美国宇航局为这一模块向毕格罗宇航公司支付了 1 800 万美元。这种模块是一种人类长期居住地，可以随火箭运载，但一旦进入轨道，就会展开到标准房车的大小。大多数其他太空旅游创业者都专注于进入太空的途径，毕格罗宇航公司的创始人罗伯特·毕格罗则为解决几十年后太空游客（或许是太空居民）进入轨道之后的住宿问题投入了大量时间和近 3 亿美元。

罗伯特·毕格罗于 1988 年成立了美国平价套房连锁酒店。之前近 20 多年，他一直在家乡拉斯维加斯开发住宅用和商用房地产。美国平价套房连锁酒店在当地（美国西南部地区）大获成功，到 1999 年就给原本已相当富有的毕格罗创造了可观的财富。这位时年 55 岁的地产大亨出于对不明飞行物的兴趣，将眼光投向了太空，毕格罗宇航公司因此诞生。

涉足地产业 45 年来，毕格罗在地球上修建了很多兼具功能性和舒适性的建筑。对于公司在太空建造的居住地，他也秉持同样的理念。他计划借助 SpaceX 火箭和俄罗斯的第聂伯号火箭将更多模块送入太空。另外，从更长远来看，这位创业者认为太空房地产业除了服务旅游业之外，还有很多其他机会。例如，他计划在月球表面建设居住地。那些曾经对毕格罗的太空梦想嗤之以鼻的怀疑者只要看看他之前的创业成绩，就会知道他的本事。同样的道理也适用于埃隆·马斯克，另一位将目光投向太空的资深创业者。

SpaceX

埃隆·马斯克在南非出生并长大，于 1988 年离开家乡，到母亲的祖国加拿大工作和学习。马斯克之所以会去加拿大，一方面是想在加拿大待一段时间，另一方面也是因为厌恶南非当时的种族隔离政策。他曾于 2007 年告诉公共广播公司：“在镇压黑人的南非军队服兵役，看起来并不是什么好经历。”在打了一年零工，并在安大略省金斯顿的皇后大学就读两年后，马斯克获得了宾夕法尼亚州费城大学的奖学金。他在费城大学获得了经济学和物理学双学士学位。

1995 年，马斯克搬到了硅谷，被斯坦福大学物理系研究生院录取。他在洞察商机方面有一种惊人的天分。就在马斯克到达斯坦福的几周前，网景公司刚刚成功上市。很快马斯克就发现，这正是开办互联网公司的最佳时机。当时，他几乎没什么钱，而且除了给在皇后大学读书时的同学打零工之外，几乎也没什么从业经历。但在入学两天后，马斯克就离开斯坦福大学创业了。这一行为确实显得有些鲁莽，但不管怎样，他就是这样做了，他和弟弟金伯尔共同创办了 Zip2 公司。

马斯克的第一家公司开辟了利润丰厚的小众网上业务——提供并开发消费类企业名录，并辅以地图和评论。这个创意在 1995 年来说相当具有远见。尤其在公司成立初期，大部分编码工作都由马斯克本人完成。马斯克兄弟的长期愿景在 1999 年获得了肯定，Zip2 以 3.07 亿美元的价格被 Compaq/ Alta Vista/ CMGi 收购。收入大部分归 1996 年为马斯克提供扩张资本的风投资本家所有，但金伯尔和马斯克分别拿到了1 500 万美元和 2 200 万美元。

马斯克很快就将大部分资金投入到更大的创业活动中，建立了 PayPal。2002 年 10 月，eBay 以 15 亿美元的价格收购了他和其他几个互联网梦想家共同开发的革命性在线支付系统，马斯克拿到了 1.65 亿美元。这位永不停歇的创业者又将大部分资金（也就是其中的 1 亿美元）投入到自己的下一个创想之中，建立了 SpaceX 太空探索技术公司。虽然在出售 PayPal 之后，马斯克的商业版图还包括太阳能供应公司 Solar City 和电动汽车公司特斯拉，但自 2002 年亲手创立 SpaceX 以来，他一直更看重这家企业的成功。

在美国，SpaceX 的大多数竞争对手使用的都是俄罗斯企业制造的火箭或部件。和它们不同，这家洛杉矶公司的航天器全部在美国设计并制造。虽然美国的人力成本相对较高，但凭借使用可回收的火箭和马斯克作为天生的借鉴者从软件行业移植的一套高效的产品设计方法，SpaceX 有信心将太空旅行费用最终降至竞争对手的 1/10。2008 年，公司的第一枚火箭“猎鹰 1 号”成功进入轨道。此后，SpaceX 和美国宇航局签署了两份协议，包括以 26 亿美元的价格向美国宇航局雇员提供往返国际空间站的运输服务。公司还代表美国宇航局成功完成了数次对国际空间站的补给任务。

SpaceX 还开发了可供 7 位乘客舒适生活的龙飞船，以及“猎鹰 9 号”火箭。“猎鹰 9 号”火箭高 225 英尺，宽 12 英尺，重 110 万磅，由 9 个发动机驱动。该公司计划后续开发的重型猎鹰火箭的性能更加惊人。另外，公司还计划开发另一种太空飞船。按照 SpaceX 首席运营官格温·肖特维尔的说法，这种飞船“能将一公交车的人送上火星”。SpaceX 也遭遇过挫折，包括 2015 年 6 月一枚飞往国际空间站的无人“猎鹰 9 号”火箭在升空后爆炸。但不管怎样，和马斯克掌舵的任何其他企业一样，看衰它的成功并不可取。另一位著名的全能型创业者理查德·布兰森，也在这一领域留下了自己的印记。

维珍银河公司和太空飞船公司

“全球第一家制造商业宇宙飞船的公司”——维珍银河公司的创始人是理查德·布兰森，这位英国企业家也是维珍唱片和维珍大西洋航空公司的老板。2012 年，维珍银河公司买断了伯特·鲁坦在太空飞船公司的股份。在此之前，维珍银河公司大多数技术基础设施都是由鲁坦的缩尺复合体航天公司提供的，维珍银河公司主要负责资金和推广。虽然 72 岁的鲁坦最近已退出太空行业，但他和布兰森在维珍银河公司的发展历程中都发挥了重要作用。

和马斯克一样，布兰森也是在其他行业取得成功后才进入太空行业的，其中他最成功的事业包括音乐（唱片制作与零售）和航空业务。两位创业者都兼具创造力和执行力，这是将理念转化为实际业务的关键。20 世纪 70 年代，布兰森的维珍唱片公司签下并成功捧红了很多著名的英国歌手并为他们制作了唱片，其中包括麦克·欧菲尔德、性手枪乐队、文化俱乐部乐队/乔治男孩。20 世纪 80 年代，布兰森将部分注意力转向了交通运输业。如今，维珍铁路和维珍大西洋航空公司两家实体企业仍在为这位英国超级企业家创造高额利润，预计他的资产净值已接近 50 亿美元。

布兰森在 2004 年维珍大西洋航空公司开业时对一位英国记者说，太空旅游业“是没有界限的”。生活在加州沙漠小镇的伯特·鲁坦也一定同意这种说法。1965 年拿到航空工程学位后，鲁坦先后在多个公共部门和私营企业机构任职。之后，他于 1974 年在适合飞机试飞的莫哈韦沙漠建立了鲁坦飞机厂。到 20 世纪 70 年代末，他的飞机凭借创新的设计获得了旺盛的需求。1982 年，他组建了缩尺复合体航天公司，这家航天公司大获成功，并于 2003 年开始设计第一架飞机。在保罗·艾伦的支持下，“宇宙飞船一号”成为这家私营企业第一架完成超音速飞行的飞机。

“宇宙飞船二号”也由缩尺复合体航天公司制造，由鲁坦和布兰森于 2005 年成立的合资企业太空飞船公司开发。布兰森作为当今最成功的企业家之一，除了获得鲁坦和缩尺复合体航天公司所提供的技术援助和试飞空间外，还从阿布扎比的一家主权财富基金成功融资 2.8 亿美元，并说服新墨西哥州政府承诺在该州建造一个太空港。太空港随后动工，该州的支出超过 2 亿美元，但该州很多人士都希望随着太空港的繁荣，这笔投资能给新墨西哥州带来大量红利。

虽然布兰森已于 2014 年买断了鲁坦的全部股份，但当一架载人“宇宙飞船二号”坠毁并导致一名飞行员丧生时，无论维珍银河公司还是诺思罗普·格鲁曼持有的缩尺复合体航天公司，都遭遇了重大打击。重要的是，美国国家运输安全委员会发现，引发事故的原因并不是飞机在设计上存在任何结构性缺陷或在构造上存在组装不当问题。但美国国家运输安全委员会谴责缩尺复合体航天公司“未能考虑并避免因一个人为错误而导致‘宇宙飞船二号’发生灾难性事故的可能性”。

往积极的方面看，美国国家运输安全委员会发现此次飞行所测试的新型燃料并不是导致事故发生的原因。维珍一直在强调这一点，表示以聚酰胺为主的燃料让火箭发动机运转得“比之前任何一次飞行都更加流畅，震动更小”。另外，布兰森再次展现了特有的乐观精神，他在美国国家运输安全委员会报告发布后马上表示，维珍银河公司“自此可以拿着这份无罪证明书，坚定实现目标的决心，集中精力迎接未来”。虽然维珍银河公司要到几年后才会经常使用美国太空港，但布兰森的公司仍是“全球第一家制造商业太空飞船的公司”。同一时期，亚马逊网站的创始人杰夫·贝佐斯也逐渐成为布兰森最有威胁的竞争对手之一。

蓝色起源公司

蓝色起源公司的网站上有这样一句话：“地球虽然美丽无比，但它只是我们的起点。我们源自蓝色，这才是一切开始的地方。”这家公司由全球第十五大富豪杰夫·贝佐斯创建，目前已在航天器开发方面获得了重大进展。贝佐斯目前仍将大量精力放在亚马逊网站上。但蓝色起源作为一家远离电商业务的技术型公司，无疑意味着贝佐斯的兴趣正在发生转移。这位出生在新墨西哥州的企业家在成功转换业务方面很有本事。

1994 年，当时 30 岁的贝佐斯是曼哈顿投资管理公司 D. E. Shaw 的副总裁，待遇丰厚。随着他逐渐了解到互联网商业正在加速发展，他遵循自己所谓的“尽量避免后悔”的原则，判定放弃高薪工作而进行互联网创业的冒险很值得。21 年后，贝佐斯拥有 500 亿美元的财富，事实证明他当年的判断是正确的。

贝佐斯在 2000 年 9 月再次凭借“避免后悔”的决策方式，在 SpaceX 成立两年后组建了自己的太空旅游公司——蓝色起源公司。和贝佐斯的第一家公司一样，蓝色起源的管理和工程设计地点也设在西雅图。2004 年，贝佐斯买下了得克萨斯州西部一块面积为 165 000 英亩的土地，作为公司未来制造的航天器的试飞基地。蓝色起源的航天器以美国第一位宇航员艾伦·谢泼德的名字命名，叫“新谢泼德飞船”。2015 年 4 月，新谢泼德飞船首次试飞就到达了 307 000 英尺的高空。公司之后还安排了更多试飞，并试验了以无毒液化气体为燃料的火箭，甚至还建立了网上太空飞行预约系统。

值得注意的是，这些新兴的太空创业者，目前正公开而谨慎地规划殖民其他星球。罗伯特·毕格罗正在设计月球上的人类居住地；而贝佐斯蓝色起源公司的命名和理念都以行星殖民化为核心；其他太空创业者中有不少人还对其他星球有兴趣。马斯克在 2013 年给 SpaceX 全体员工的一封邮件中写道：“我越来越担心 SpaceX 能否在火星交通系统建成前上市。”

A BRIEF HISTORY OF ENTREPRENEURSHIP

结　语

创业精神可能带来重大变革，可能推动变革延展到所在行业之外，尤其是在结合了想象力、精力和智慧的情况下。就像如今可望而不可即的太空旅游业，本书之前章节着重介绍的很多创业者所参与的创业活动，在他们那个年代和马斯克、贝佐斯等人今天的壮举一样具有高度的创新性和革命性。

信息革命、工业革命、征服新世界、宋代中国的奇观、阿拉伯帝国的传播者、腓尼基人的商业殖民活动，以及美索不达米亚的城市化背后的创业者，都是推动人类历史发生不可逆转的重大发展的催化剂。但对大多数具有创新精神的个人来说，改变人类历史轨迹并不是他们的主要动机。

不管怎样，虽然大多数创业者的动力都来自达尔文理论中对财富和更高社会地位的追求，但也有创业者宣称自己是没有私心的。这些偏理想化的人士表示自己创业的初衷是为了信仰，为了传播“文明”，为了利用技术将全世界的人聚集在一起，这些宣言的真实性我们暂不评论。但即便是历史上最理想化的创业者，也能充分认识到，高尚的目标都以最基本的盈利能力为前提。

天然化妆品巨头美体小铺的创始人安妮塔·罗迪克曾表示：“没有人像讨论生死一样谈论创业活动，但实际上，创业活动正是关乎人类生死存亡的大事。”即便创业者唯一的目的是生存，创造新牟利体系的过程以及这一体系的建立和发展也注定会给社会带来广泛的、通常不可预见的影响。

无论是中国唐代的茶商，还是禁酒令时期芝加哥的私酒贩子，很多创业者的最高目标就是让自己的创业活动存续并扩张下去。为了达到这个目的，他们从事熊彼特所说的“创造性破坏”活动。换言之，他们运用自己的创业创意来推陈出新，比如，他们用轻便的纸币取代笨重的金属铸币。

另外，这些具有颠覆性的创业活动不一定代表重大的技术创新，尽管其中很多都与技术创新相关，尤其在最近几个世纪更是如此。

创新也可能体现在某种产品或服务被制造、分销、营销或交付的方式上。例如，谢尔盖·加利茨基的马格尼特连锁超市的智慧，主要体现在成熟的信息系统和产品采购、进货、上架的高效率上，而不是体现在超市向俄罗斯市场供应的产品上。同样的道理，古美索不达米亚商人创业者的创新，主要围绕分销、运输和金融方面展开。

即便是那些只希望多得到哪怕一分钱的创业者，他们的创业行为所造成的更广泛的影响，也往往会引起争议。从腓尼基海上创业者开创的商业殖民化行为到美国互联网创业者引领的全球“扁平化”进程，创业活动带来的混乱，引发了激烈的道德讨论。对以牟利为目的的创业活动所蕴藏的创造力，有人支持，也有人反对。

但无论好坏，创业活动和其他长期的人类活动一样，都是推动历史前进的原动力之一。创业活动不仅影响了人类世界的王国、民族和文明，在很多情况下还为它们的诞生提供了原始动力。如今，随着新兴的太空创业者带领人类奔赴“蓝色起源”以外的新世界，创业活动将继续发挥上述作用。因此，它的变革性影响也必将延续——无可否认地深刻，也不可避免地带有争议性。

A Brief History of Entrepreneurship: The Pioneers, Profiteers, and Racketeers Who Shaped Our World by Joe Carlen

Published by arrangement with Columbia University Press through Bardon-Chinese Media Agency

博达著作权代理有限公司

图书在版编目（CIP）数据

创业简史：塑造世界的开拓者 /（美）乔·卡伦（Joe Carlen）著；王瑶译．—北京：中国人民大学出版社，2017.10

书名原文：A Brief History of Entrepreneurship：The Pioneers，Profiteers，and Racketeers Who Shaped Our World

ISBN 978-7-300-24943-8

Ⅰ．①创… Ⅱ．①乔… ②王… Ⅲ．①商业史-世界 Ⅳ．①F731

中国版本图书馆 CIP 数据核字（2017）第 222478 号

创业简史

塑造世界的开拓者

［美］乔·卡伦 著

王　瑶　译

徐　中　审校

Chuangye Jianshi

出版发行	中国人民大学出版社		
社　　址	北京中关村大街 31 号	**邮政编码**	100080
电　　话	010－62511242（总编室）		010－62511770（质管部）
	010－82501766（邮购部）		010－62514148（门市部）
	010－62515195（发行公司）		010－62515275（盗版举报）
网　　址	http://www.crup.com.cn		
	http://www.ttrnet.com(人大教研网)		
经　　销	新华书店		
印　　刷	涿州市星河印刷有限公司		
规　　格	145 mm×210 mm　32 开本	**版　　次**	2017 年 10 月第 1 版
印　　张	10 插页 2	**印　　次**	2017 年 10 月第 1 次印刷
字　　数	172 000	**定　　价**	59.00 元
